C/C++
デバッグ＆トラブル対策入門

日向俊二●著

C言語とC++のプログラミングの「困った」は
これで解決！

本書で取り上げられているシステム名／製品名は、一般に開発各社の登録商標／商品名です。本書では、™および®マークは明記していません。本書に掲載されている団体／商品に対して、その商標権を侵害する意図は一切ありません。本書で紹介しているURLや各サイトの内容は変更される場合があります。

はじめに

　C言語やC++言語の初歩を学んでプログラムを作成したり課題に取り組むと、いろいろなことで戸惑うことがあるでしょう。C/C++は、Visual BasicやJavaなどに比べると、とても小回りの利く言語ですが、反面、初心者プログラマにとって親切な言語とは言えない面もあります。初心者なら、プログラムが暴走して制御不能になったり、プログラムがクラッシュして、その対処方法に困り、問題の原因がわからないで苦労するということを、誰でも必ず経験します。

　本書は、C言語やC++言語のプログラミングで遭遇する可能性があるトラブルとその対策、および、C言語やC++言語のプログラムのデバッグの方法について詳しく解説します。また、第一部には、C/C++でプログラミングやデバッグを行う際に知っておかなければならないことをまとめてあります。

　C/C++のプログラミングで困った時に本書で解決方法を探すだけでなく、普段から本書を精読しておくと、トラブルをあらかじめ避けるプログラミングができるようになります。

　本書は、C言語やC++のプログラミングを比較的最近始めた初心者を主な対象としていますが、記述の中には経験がないと難しいと感じる部分も含まれていることでしょう。本書を通読したら座右に置いて、時間のあるときや、プログラミングやデバッグで途方に暮れたときに、読み直してみることをお勧めします。

2016年初夏　　日向　俊二

■ 本書の表記

>	Windows 系のマシンの「コマンドプロンプト」ウィンドウのプロンプトを表します。
$	UNIX 系 OS（Linux、Mac OS X など）のコンソールのコマンドプロンプトを表します。
(gdb)	デバッガ gdb のプロンプトを表します。

 知っておくとよいことや補足説明です。

Bold プログラムの実行例でユーザーの入力を表します。

Italic プログラムの書式で具体的なワードに置き換えられることを表します。たとえば、*type* は integer や real などに置き換えられます。

[ ] 省略可能なパラメータであることを示します。たとえば、「(gdb) list ［行番号 1 ［, 行番号 2］］」の場合、行番号 1 と行番号 2 を省略することができ、行番号 2 を指定するときには行番号 1 も指定することを示します。

■ ご注意

- 本書は C 言語や C++ の仕様を解説するものではありません。
- C 言語や C++ の詳細は完全には標準化されていません。コンパイラや環境によっては本書の記述と異なる場合があります。
- 本書の内容については正確な記述に努めましたが、著者・編集者および出版社は、本書の内容およびサンプルプログラムに対してなんら保証をするものではなく、また本書の内容およびサンプルプログラムによるいかなる運用結果についても、一切の責任を負いません。
- C 言語や C++ のプログラミングやデバッグに関する、本書の記述を超える内容や

特定の環境や特定の実行条件に関連するご質問については、著者および出版社ではお答えいたしかねます。

■本書のサンプルコードについて

本書で紹介しているサンプルコードの一部は下記 URL からダウンロードできます。

http://cutt.jp/books/978-4-87783-322-0

目次

はじめに iii

■ 第1章　基礎知識 1
　1.1　C/C++の処理系と処理 2
　1.2　C言語の特性 10
　1.3　C++固有の問題 20

■ 第2章　トラブル対策 27
　2.1　コンパイルできない場合 28
　2.2　制御不能になった場合 32
　2.3　プログラムがクラッシュする場合 34
　2.4　出力や表示がおかしい場合 36
　2.5　計算結果がおかしい場合 38
　2.6　動作が遅い場合 42
　2.7　原因不明のトラブル 67

■ 第3章　デバッグ技法 69
　3.1　デバッグの流れ 70
　3.2　IDEでのデバッグ 78
　3.3　デバッガを使ったデバッグ 90
　3.4　アセンブラの利用 110
　3.5　その他のツール 115
　3.6　デバッグのヒント 122

■ 第4章　実践デバッグ 125
4.1　16進ダンププログラム 126
4.2　名簿 148

■ 付録 173
付録A　gdbのコマンド 174
付録B　コンパイラ 192

索　引 197

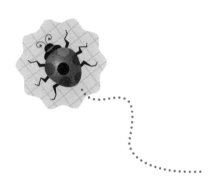

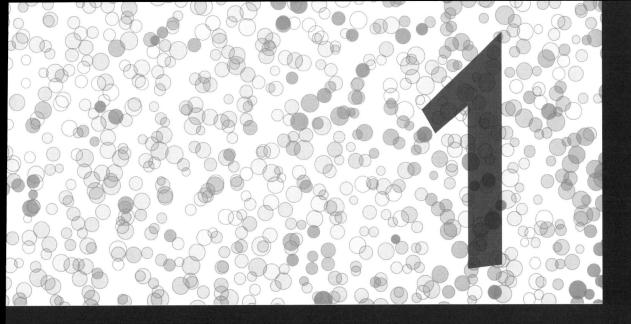

基礎知識

ここでは、C言語やC++を使うときに必ず知っておくべき重要なことを解説します。

1 基礎知識

1.1　C/C++の処理系と処理

　C/C++ のプログラムは、ソースファイルをコンパイルして実行可能ファイルにしてから実行しますが、C/C++ を効果的に活用するためには、その処理の詳細を知っておく必要があります。

コンパイルの過程

　Visual Studio や Eclipse のような IDE（Integrated Development Environment、統合開発環境）を使ってプログラムを学んだり作ったりしている場合、コードウィンドウにコードを入力して、「実行」のようなコマンドを選択してプログラムを実行できます。しかし、そのような作業ばかりしていると、ソースコードが背後でどのように処理されているかわからないかもしれません。

　ソースコードが実行可能なファイルに変換されて実行されるまでの過程を知っておくことは、トラブルに対処したりデバッグする際にとても重要です。特に、問題が発生した際に、その問題の原因がどこにあるか突き止めるときに、どの段階で問題が発生したのかということを認識しておくことは重要です。

　最初に、C/C++ でプログラムを作成して実行できるようになるまでの流れの概略を再確認しておきましょう。

　プログラマが入力したり編集したりする次のようなプログラムを、ソースプログラムといいます。

リスト1.1●C言語のソースプログラムの例

```
/* test.c */

#include <stdio.h>

int main(void) {
```

```
    puts("Hello World");

    return 0;
}
```

　これは「Hello World」と出力するC言語のプログラムです。これはプレーンな（装飾などのない）テキストファイルとして記述します。

　このテキストをファイルに保存しても、もちろん、そのままでは実行できません。コンパイル（またはビルド）という作業を行って、コンピュータで実行可能なファイルにすることではじめて実行できるようになります。

　つまり、ソースプログラムはコンパイラというソフトウェアでコンパイルすることで始めて実行可能ファイルになります。

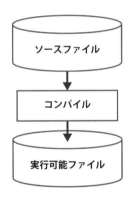

図1.1●コンパイル

コンパイルとリンク

　「C言語のプログラムをコンパイルして実行する」などと表現するときには図1.1のようなイメージで良いのですが、さらに詳しく言うと、上の図の「コンパイル」は「(狭

い意味の）コンパイル」と「リンク」というふたつのステップに分かれています。

つまり、ソースファイルは

（1）コンパイルされてオブジェクトファイルと呼ぶファイルに変換され、

さらに、

（2）オブジェクトファイルがリンカというソフトウェアで必要なモジュール（ライブラリや他のモジュール）とリンク（結合）し、

その結果としてできたファイルが、はじめて実行できるようになります。

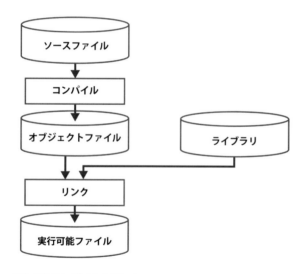

図1.2●コンパイルとリンク

　リンクというのは、他のオブジェクトと結合（リンク）する作業です。たとえば、最初に示したプログラムには、次の行があります。

```
puts("Hello World");
```

これは「Hello World」という文字列を出力するためのプログラムコードですが、「文字列を出力する」という機能を持った具体的なコードは、（実質的には）C/C++のコンパイラの一部として提供されているライブラリの中に含まれています。そのため、プログラマが「puts("Hello World");」というプログラムを書くだけで、文字列が出力されるようになります。つまり、ソースプログラムの中でputs()を呼び出すと文字列を出力できますが、これは実行可能ファイルが作られるときに標準ライブラリに含まれているputs()のコードとリンクされるからです。このリンクの作業がなければ、プログラムは実行できる形になりません。

　このような、ライブラリ（および必要に応じて他のモジュール）とリンクする作業を行うソフトウェアを、リンカまたはローダといいます。

コンパイラによってはインクリメンタルリンクをサポートしている場合があります。インクリメンタルリンクでは、ソースファイルが編集されて、新たにコンパイル・リンクする必要がある部分だけをコンパイルしてリンクしなおすという作業を行います。これはトラブルの原因になる場合があります。

　一般的には、（狭い意味の）コンパイルとリンクをまとめてコンパイルと呼んだりビルドと呼んでいますが、このコンパイルとリンクの過程を覚えておくことはとても重要です。たとえば、プログラムをビルドした時に、何らかのシンボルが定義されていないとか見つからない、というメッセージが出力されたとします。このときに、コンパイルの段階でシンボルが見つからない場合と、リンクの段階でシンボルが見つからない場合では、原因も対処方法も異なります。コンパイルの段階でシンボルが見つからないとしたら、それは定義されていないシンボルを参照しているからで、ヘッダファイル（stdio.hとかiostreamなどのインクルードするファイル）を正しくインクルードしていないか、タイプミスである可能性が大きいでしょう。一方、リンクの段階でシンボルが見つからないとしたら、おそらく必要なライブラリやモジュールをリンクしていないか、名前が違うのだろうなどと考えることができます。

コンパイラやリンカは、C/C++のソースファイルを処理して実行可能ファイルを生成するので、処理系と呼ぶことがあります。

プリプロセス

　ここまでで、一般にコンパイルまたはビルドと呼んでいる作業が「コンパイル」という一言で片づけられるほど単純ではないことがわかりました。しかし、さらに詳しく言うと、狭い意味のコンパイルの前にはもう一つのステップがあります。それをプリプロセスといいます。

　プリプロセスは、インクルードファイルをインクルードしたり、定義（#define xxx yyyなど）を展開する作業です。加えて、かつてのC++の場合は、もともとは、C++のプログラムをC言語のプログラムに変換する作業もプリプロセス段階の作業でした（1.3節「C++固有の問題」の「C++の誕生」で説明します）。

プリコンパイル

　プリコンパイル済みヘッダーファイルは、コンパイルのたびにヘッダーファイルを何度もコンパイルしなくてよいように、ヘッダーファイルをあらかじめコンパイルする機能です。プリコンパイル済みヘッダーファイルを利用することで、コンパイルにかかる時間が短縮されることが期待されます。

　Visual Studio（Visual C++）などではプリコンパイル済みヘッダーを使うことができます。通常はこのことをあまり意識する必要はありません。しかし、状況によっては再コンパイルするべきヘッダーファイルが再コンパイルされないために、問題の原因となることがあります。この問題が発生したときには、プロジェクト（ソリューション）全体をリビルド（再コンパイル）するか、あるいは、プロジェクトのプロパティの設定でプリコンパイル済みヘッダーを使用しない設定にします。

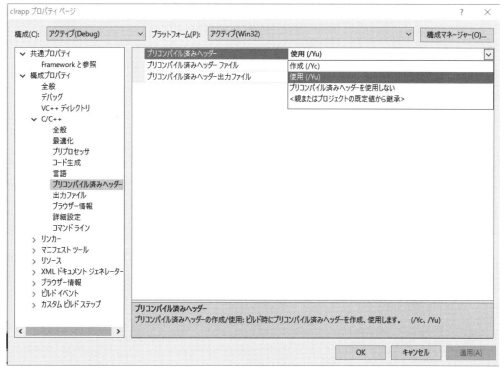

図1.3●Visual Studioのプロジェクトのプロパティのダイアログボックス

さまざまな処理系

　C言語は、現在使われているプログラミング言語の中では歴史のある言語です。

　C言語が登場したころには、C言語が使われるコンピュータは、8ビットや16ビットのものが中心でした。その後、C言語は発展しましたが、主に過去の資産を継承できるようにするために、さまざまなバリエーションを許容している部分があります。特に注意しなければならないのは、データ型のサイズが決まっていないということです。たとえば、8ビットと32ビットの処理系では、intのサイズが違います。また、同じ64ビットでも、ある環境ではlongはintの倍の大きさですが、別のある環境はintとlongが同じサイズです。

　実行環境と処理系によってさまざまなことが異なることがある、という点は覚えてお

かなければなりません。一般的にはCPU（種類とビット数）とコンパイラが同じであれば違いがあることは少ないのですが、常に同じであるとはいえません。たとえば同じCPUでgccという同じコンパイラを使っても、WindowsとLinuxではlongのサイズが異なります。そのため、Linuxで問題なく動作するプログラムであっても、Windowsで実行しようとすると問題が発生することがあります。しかし、C/C++ではデータ型のサイズが環境によって異なることがある、ということを知ってさえいれば、この問題は容易に解決できます。なお、次の例のようにsizeof()を使うことでその処理系の特定の型のサイズを調べることができます。

```
printf("sizeof(int)=%d\n", sizeof(int));
printf("sizeof(long)=%d\n", sizeof(long));
printf("sizeof(long long)=%d\n", sizeof(long long));
```

さまざまなライブラリ

　C言語やC++は、プログラミング言語です。一方、文字列を出力するとか、キーボードからの入力受け取る、などの機能は、ライブラリとして提供されています。C言語やC++で単純なコンソールプログラムを作成することに限れば、このライブラリはほぼ統一されています。

　C言語ではstdio.hやstring.hなどに定義されている標準化されている定義や関数を使う限り、どの環境でも大きな違いはないといってもよいでしょう。

ただし、MicrosoftのC/C++コンパイラでは、strcpy()のような標準の関数であっても、安全でないので、安全なstrcpy_s()を使うようにという警告が出力されます。そのような場合にstrcpy_s()を使うことを考えてもかまいませんが、プログラムの移植性は損なわれます。

C++ では一般に標準 C++ ライブラリと呼ばれているものを使っている限り、どの環境でも大きな問題なくプログラムを実行できるはずです。

　しかし、Windows や Linux などが提供する機能を利用するときや、MFC や CLR などを利用する場合には、使うライブラリが異なり、プログラムそのものが変わります。マルチスレッドのプログラムも、Windows と Linux では異なります。

　C 言語や C++ のプログラムとしてどこかに掲載されていても、前提となる環境が異なればコンパイルさえできません。どこかに掲載されていたりダウンロードできる C/C++ のプログラムを使おうとするときには、次のような点を確認する必要があります。

- 前提としている CPU の種類、CPU のビット数、OS は？
- ウィンドウベースのシステムである場合、使用しているウィンドウシステムは？
- 標準以外のライブラリが使われているか？

1.2 C言語の特性

ここでは、トラブル対策とデバッグという観点から、C言語の特性について解説します。なお、C++はC言語の特性を受け継いでいるので、ここで説明することは原則的にC++にも当てはまります。

コンパイラのエラー報告

プログラミング言語によっては、プログラムの問題をコンパイル時にとても親切に報告してくれるものがあります。一方、C/C++では、文法上の間違いをチェックするだけで、論理的な問題はほとんど警告さえ報告されません。

たとえば、次のプログラムは間違っています。

```
char str[] = "Hello dogs";
char buf[5];

strcpy(buf, str);
```

変数strに入っている文字列の長さは(最後のNULLも含めて)11バイトの長さですが、bufの長さは5バイトしか確保していないので、このプログラムはコンパイルできますが、実行するとstrの内容をbufにコピーする「strcpy(buf, str)」の部分でいわゆるクラッシュという状態になります。

このようなことになる理由は、コンパイラに問題があるのではなく、C言語の仕様の問題です。C言語では、メモリアクセスに原則として制限を設けていません。そのため確保したメモリより大きな範囲に意図的にアクセスするプログラムがあったとしても、それを間違いであるとは決めつけることができません。いいかえれば、コンパイラにとっては「strcpy(buf, str)」が間違いであるとはいえません。そのため、これはエラーとして報告されません。

このようなことはたくさんあります。もう一つ別の例を示します。
次のプログラムは、コンパイル時にエラーになります。

```
#include <stdio.h>

struct point {
    int x;
    int y;
}

int main(int argc, char **argv)
{
    struct point pt;

    pt.x = 1;
    pt.y = 2;
      :
```

ほとんどのコンパイラは、「int main(int argc, char **argv)」の行に間違いがあると報告します。しかし、本当のまちがいはその前の struct point の定義にあり、{ } のあとに ; (セミコロン) がない点が間違っています。

```
struct point {
    int x;
    int y;
};              // このセミコロンが抜けている
```

このように報告されるのは、コンパイラに問題があるのではなく、C 言語の特性のためです。C 言語のソースコードでは、改行は行の終わりを意味しません。
たとえば、次のコードも正しいコードです。

```
x = a + b

    /* なんたらかんたら */
```

```
+ c + d;
```

C言語のソースコードでは、改行は行の終わりを意味しないうえに、コメントはプログラムにとっては意味がないので、上のコードは次のように解釈されます。

```
x=a+b+c+d;
```

上の構造体の間違った例（セミコロンがない例）は、次のように解釈されます。

```
struct point { int x; int y; } int main(int argc, char **argv)
{
```

そのため、コンパイルすると「int main(...)」がおかしい、と報告されるのです。セミコロンがある正しいプログラムは次のように解釈されます。

```
struct point { int x; int y; };      // ここで定義は終わり
int main(int argc, char **argv)      // これは別のコード行
{
```

エラーメッセージを見るときには、C言語では行末はステートメントの終わりではない、ということは重要なので、忘れないようにする必要があります。

メモリアクセス

C/C++はメモリアクセスに制限がないという点で、高級言語（高水準言語）としては特異なプログラミング言語です。

8ビットの組込みシステムのような実メモリにアクセスする必要がある場合、メモリに自由にアクセスできるC/C++の特性は不可欠です。しかし、多くのプログラマが取り組んでいる、マルチタスクの高性能なOS上で動くプログラムでは、メモリアクセスの自由度が予期しないトラブルの原因となることがあります。

代表的なトラブルは、次のようなコードです。

```
char buff[64];

gets(buff);
```

これはコンソール（または標準入力）から文字列を入力するコードですが、もし入力された文字列の長さがバッファの長さ（この場合は 64 バイト）を超えた場合、書き替えてはならないメモリ領域を書き替えてしまい、予期しない結果になる可能性があります（そして、そのような危険性があるにもかかわらず、コンパイラはこのコードをエラーと判断しません）。

幸い、このケースでは fgets() を使って次のようにすることで確保したバッファより大きなメモリを入力文字列が占領するという問題を解決できます。

```
#define BUFF_LEN    64

char buff[BUFF_LEN];

fgets(buff, BUFF_LEN-1, stdin);
```

しかし、プログラマは常にバッファの長さを意識しなければならないということには変わりはありません。

メモリアクセスについて自由があるということは、危険性もあるということです。このことは C/C++ を使っている限り、常に意識しておく必要があります。

メモリの解放

C 言語では、使用していないメモリが自動的に解放されるメカニズムはなく、使い終わったメモリはプログラマの責任で解放しなければならないという点も重要です。

たとえば、malloc() でメモリを確保したら、メモリを使い終わった時点で、必ず

free()でメモリを解放します。

```
char *buf;

// メモリを確保する
buf = (char *)malloc(size);

// 確保したメモリのチェック
if (buf == NULL) {
    puts("メモリを確保できません。");
    exit(-1);
}

// ここでメモリを使う

// 使い終わったメモリを解放する
free(buf);
```

　メモリを解放しない場合、8ビットや16ビットの小さなシステムでは、やがて実際にメモリが不足して、上のコード例のようなプログラムなら「メモリを確保できません」というメッセージが出力されてプログラムが終了することになります。

　32ビットや64ビットの仮想メモリを使っているシステムでは、あるとき、物理的なメモリが不足して、現在使っていないメモリの内容をハードディスクなどに保存して使用可能なメモリを増やすスワップという動作が自動的に行われることになるでしょう。ハードディスクへのアクセスはメモリへのアクセスと比べると非常に遅い動作です。その結果、予期しないあるときに突然プログラムの動作が遅くなるということになります。

　このことは、常時稼働しているサーバーだけでなく、スリープするだけでシャットダウンしないクライアントでも、大きな問題となります。

　そしてもちろん、（仮想メモリを含む）メモリをすべて使いつくしてしまったら、このプログラムはメモリを確保できなくなって終了します。

ポインタ

ポインタは、単にあるオブジェクト（変数、構造体、クラスのオブジェクトなど）がある時に存在している場所を指す値です。

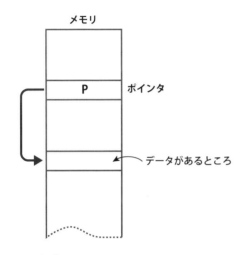

図1.4●ポインタ

ポインタ変数は特定のメモリアドレスを指している値であると考えてもかまいません。しかし、逆に言えば、これは、ポインタはメモリ上のどこかを指している値に過ぎない、ということもできます。

次の例を見てください。

```
int *p;
int x;
p = &x;
```

この場合、pには変数xがある場所（アドレス、物理アドレスとは限らない）が保存されます。しかし、その値そのものにプログラマにとって意味はありません。

たとえば、次のようにしてpの値を調べることはできます。

```
printf("p=%p\n", p);
```

しかし、その値はたまたまそのプログラムを実行したある機会にpに設定されている値であり、次にプログラムを実行したときには、pの値はおそらく違う値になっているはずです。

ポインタの値そのものに何らかの意味を持たせたプログラムは、おそらく意図した動作にならないでしょう。

次のプログラムは、大文字小文字交じりの文字列を、ポインタを使ってすべて大文字の文字列に変換するプログラムの例です。

リスト1.2●ポインタを使うプログラムの例

```c
#include <stdio.h>
#include <ctype.h>

#define BUFF_LEN   64

int main(int argc, char **argv)
{
    char str[10] = "Hello";
    char *p;

    for (p = str; *p!= '\0'; p++)
        if (islower(*p))
            *p = toupper(*p);

    printf("str=%s\n", str);

    return 0;
}
```

このプログラムではポインタ変数 p を使っていますが、p の値がプログラムの実行時に実際にどのような値になるか、ということは考慮されていません。単に、p には最初に str の先頭アドレスが入り、そして *p（p が指す文字）が '\0' になるまで、p をインクリメントしているだけです。p の値が 16 進数で 001F0245 であろうと 002C30A4 であろうと、そんなことは関係ありません。重要なのはこのプログラムが動作するときに p は str のどこかを指しているようにしているということだけです。

値そのものは問題ではなく、何を指しているかが問題であるという、このポインタの重要な性質を理解しておくことはとても重要です。このことを理解していれば、むやみにポインタの値そのものを変更してプログラムがクラッシュするという間違いを防ぐことができるでしょう。

グローバル変数

関数の外側の、モジュール（ひとつのソースファイル）レベルで宣言した名前はグローバルになります。

グローバル変数とは、次のリストの count のような変数です。グローバル変数は、他のモジュールで extern を付けることで他のモジュールでもアクセスできるようになります。

リスト1.3●グローバル変数を使うプログラムの例

```c
/*
 * nantoka.c
 */
#include <stdio.h>
#include <stdlib.h>

int count = 0;             // グローバル変数

int main(int argc, char **argv)
{
```

```
        ⋮
}
        ⋮

/*
 * kantoka.c
 */
#include <stdio.h>
#include <stdlib.h>

extern int count;      //  他のモジュールでexternを付けることで
                       //  他のモジュールでもアクセスできるようになる

int func()
{
        ⋮
```

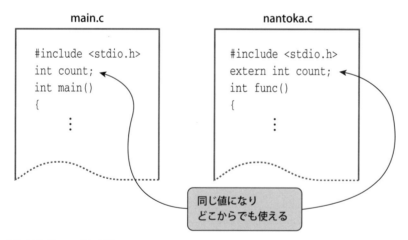

図1.5●グローバル変数

　つまり、グローバル変数は、プログラムのどこからでもアクセスできるようになります。

初心者に多い間違いとして、関数間やモジュール間でデータを受け渡すために、変数をグローバルにすることがあります。しかし、グローバル変数は、ほかの手段がない場合を除いて、使ってはいけません。その理由は、デバッグが非常に困難になる可能性があるからです。

　グローバル変数はプログラムのどこからでも変更できます。このことは、いいかえれば、プログラムのどこで変更しているのか、ということが把握しにくくなるということです。

　値は関数の引数や戻り値で受け渡すようにしてください。受け渡すデータがどんな大きくても、ポインタを使って受け渡せば、そのことによるオーバーヘッドは生じません。

1.3 C++ 固有の問題

ここでは、C++ を使ってプログラミングする際に、トラブルを避けて効果的にデバッグするために必要なことを解説します。

C++ の誕生

C++ は C 言語を拡張して作られたという経緯があります。

初期の C++ は、C 言語コンパイラを使ってオブジェクト指向の要素を利用可能にするために、プリプロセッサで C++ から C 言語に変換していました。クラスは C 言語の構造体に変換され、C++ の入出力は C 言語の入出力関数に展開されていました。C++ のプログラムの中では C 言語の要素をすべて使うことができました。つまり、C++ は C 言語を内包するものとして作られました。

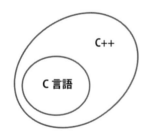

図1.6●C言語とC++

現在でもこの考え方は変わっていません。つまり、C++ のプログラムの中では C 言語の要素を（原則として）そのまま使うことができます。一方、C 言語のプログラムとして記述する場合は、C++ 固有の要素を使うことはできません。

オブジェクト指向

C++ はオブジェクト指向の言語です。これが意味することは、簡単に言えばクラスを使える、ということですが、クラスを使う主な目的は、複数の値をまとめて「安全に」使うことです。いいかえると、要素をすべて public にしてしまっては意味がないということです。

次の例は、name と age という要素を持つクラス Member と構造体 Person の定義です。

```
class Member {
   string name;
   int age;
};

struct Person {
   string name;
   int age;
};
```

このふたつの決定的な違いは、クラス Member の name や age は private であり、構造体 Person の name や age は public であるということです。いいかえると、クラス Member の name や age はクラスのメンバーからしかアクセスできないのに対して、構造体 Person の name や age はどこからでも自由にアクセスできます。

クラスの要素は、デフォルトでは private です。そして、この性質を使って、クラスではデータを守ります（隠ぺいするともいう）。

アクセスできるクラスのメンバーを宣言したいときには、`public:` を付けます。

```
class Member {

   string name;
   int age;
```

```
    public:
        string getName() { return name; }
        int getAge() { return age; }
    };
```

`public:`（または`protected:`）を付けないと、（クラス外から）アクセスしようとすると「定義されていない」というエラーが報告されますが、このような間違いはオブジェクト指向の根本的な考え方を理解しておけば簡単に防ぐことができます。

例外処理

C++ には例外処理機構が導入されています。

例外とは、プログラムの継続が不可能になるような異常な事態のことです。例外処理とは、このような異常な事態を処理するための機構です。異常な事態とは、数をゼロで割ろうとしたり、アクセスできないオブジェクトにアクセスしようとした場合などです。例外処理を使うと、続行が困難であるような事態に対処できるようにすることができます。

例外処理では、異常な事態が発生したら例外オブジェクトをスロー（throw）して、呼び出し元に伝えます。そのため、プログラムではあらかじめ定義されている例外クラスを使うか、あるいは、プログラマが独自の例外クラスを定義して使います。

次の例は例外クラス `ZeroDivException` を定義して、整数の割り算でゼロで割ろうとしたときに例外を発生させるようにした例です。例外が発生する可能性があるコードは `try { ... }` で囲み、例外が発生したら `catch` で例外をキャッチします。

リスト1.4●例外処理を使うプログラムの例

```
//
// except.cpp
//
#include <iostream>
```

```cpp
using namespace std;

// 例外クラス
class ZeroDivException {
public:
    ZeroDivException() {}
    ~ZeroDivException() {};
    const char *ShowReason() const {
        return "ZeroDivException.\n";
    }
};

int divint(int a, int b)
{
    if (b == 0) {
        throw ZeroDivException(); // 例外をスローする
    }
    cout << "!!!" << endl;
    return a / b;
}

int main() {

    int v1 = 30, v2 = 0;
    int v;

    try {
        v = divint(v1, v2);
    }
    catch (ZeroDivException ex){
        cerr << ex.ShowReason();
    }
      catch( char *str )    {
        cout << "other exception: " << str << endl;
    }

    cout << "v=" << v << endl;
```

```
    return 0;
}
```

これを実行すると例外が発生して、標準エラー出力に「ZeroDivException.」が出力されます。

Visual Studio で例外が発生するとダイアログボックスが表示されますが、[無視] ボタンをクリックすると継続できます。

例外処理を効果的に組み込んでおくと、異常事態に対処できるプログラムを作ることができることに加えて、デバッグやテストの時間を大幅に短縮できることがあります。

C 言語と C++ の共用

C++ のプログラムの中では、C 言語の要素を原則としてそのまま使うことができますが、落とし穴もあります。

たとえば、C++ のプログラムの中で、C++ の標準入出力ストリームと C 言語の標準入出力の関数を併用することは不可能ではありませんが、必ず意図したように動作すると保証はされていません。

たとえば、次のようなプログラムがあるとします。

```
cout << "メッセージ1" << endl;
cin >> str;
    :
printf ("メッセージ2\n");
gets(str2);
    :
```

```
cout << "メッセージ3" << endl;
cin >> x;
     ⋮
printf ("メッセージ4\n");
gets(str3);

printf("メッセージ5\n");
```

このようなプログラムはコンパイルして実行できますが、意図した順番（メッセージ1、メッセージ2、メッセージ3、メッセージ4、メッセージ5の順番）で出力されるという保証はありません。原則的に、C++の標準入出力ストリームとC言語の標準入出力の関数を併用することは避けるべきです。

また、C言語の関数とC++のプログラムを別のモジュールに分けて記述する場合、C++のプログラムからC言語の関数を呼び出すには、C言語の呼び出し規約を使うことを明示するために extern "C" を付けなければなりません。

C言語とC++の両方を使うプログラムでは、このような細かい点での注意点があるということは認識しておく必要があります。

C++の複雑さ

C++言語はC言語を拡張したものとして登場しました。そのため、C++言語そのものは、C言語の構造体の拡張ともいえるクラスと、coutのようなオブジェクト、<<や>>のような演算子、そしてイテレーター（iterator）のような新しい概念など、いくつかの新しいことを、C言語の知識に追加すれば使えるようになるでしょう。

しかし、実践的なプログラムを作るためには、STL（Standard Template Library、標準テンプレートライブラリ）やランタイムやウィンドウシステム、グラフィックスシステムなどが提供する高度なライブラリを使うことになります。これらのライブラリは高機能である反面、容易にすべてを理解して使えるような単純なものではありません。表面だけ理解して使ったり、既存のコードを良く理解しないで変更することでプログラムを作成しようとすると、まったくわからない問題を抱えることになりかねません。

さらに問題なのは、高度なC++ライブラリを使うときにも、C言語がもともと持っている特性を引き継いでいるという点です。たとえば、あるクラスのオブジェクトを指すポインタを宣言したとします。このポインタは、C言語がもともと持っている特性を引き継いでいるので、このポインタを介して任意のメモリにアクセスすることができます。そのため、予期しない結果となる可能性があります。

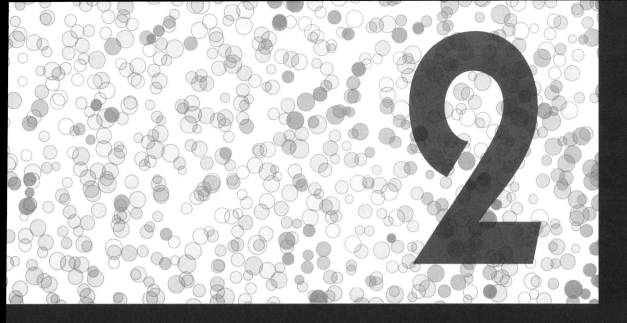

トラブル対策

ここでは、プログラムのコンパイルや実行時によくある問題やその対策を解説します。

2.1 コンパイルできない場合

ここではコンパイルできない場合の原因と対策を説明します。

コンパイラが起動しない

　まず、コンパイラがインストールされていて、起動できるようになっている必要があります。

　コンパイラが起動できる状態であるかどうかは、バージョン情報やヘルプ情報を表示してみればわかります。たとえば、gcc なら「gcc -v」を実行してみます。

　Windows では、C/C++ のコンパイラは Windows に自動的にはインストールされません。Visual Studio（Visual C++）をインストールするか、gcc を含む MinGW や Cygwin、あるいは Intel その他の C/C++ コンパイラをインストールしてください。

　Linux では、「開発ツール」または「C/C++ 開発」などのカテゴリに含まれる、gcc、g++、gdb などをインストールする必要があります。

　コンパイラがインストールされていても、コンパイラの実行ファイルがある場所に PATH が通っていないと、絶対パスで指定しないと起動できません。環境変数 PATH に、コンパイラの実行ファイルがある場所を追加してください。Visual Studio や Intel のコンパイラの場合、それぞれのコンパイラ用のコマンドプロンプトを開くと環境変数が適切に設定されたコンソールを使うことができます。

　Visual Studio や Eclipse のような IDE を使う場合は、IDE を起動してみます。起動できない場合は（再）インストールしてみます。

コンパイラが機能しない

　コンパイラがインストールされていても、必要な他のファイルが適切にインストールされていないとコンパイルできません。コンパイル時に必要になる主なファイルは、プ

リプロセッサやリンカ（ローダ）のような関連実行ファイル、ヘッダーファイル、ライブラリファイルなどです。しかし、これらを個別にインストールするのは現実的ではありません。コンパイラとしてパッケージまたはインストールファイルとして配布されているものをインストールすれば、関連する必要なファイルも適切にインストールされるはずです。

うまくいかない場合は、最新のインストール用ファイルをダウンロードして（再）インストールしてみるとよいでしょう。

Visual Studio や Eclipse のような IDE で、IDE は起動できるが、コンパイルできない場合は、ヘッダーファイルの場所やライブラリの場所や名前が適切に設定されているかどうか調べます。また、C/C++ のプロジェクトを開くか新規作成してください。

ヘッダーファイルが見つからない

ヘッダーファイル（一般的には、C 言語の場合は .h ファイル、C++ では iostream などの拡張子がない名前がついているファイル）が見つからないというメッセージが表示されたら、ソースファイルに記述したヘッダーファイルがインクルードできるように、環境変数 INCLUDE を適切に設定するか、コンパイルオプションを指定します。IDE を使っている場合には IDE のプロジェクトの設定などで設定する必要がある場合があります。

ウィンドウシステムやグラフィックスライブラリなど、標準の C/C++ のライブラリ以外のライブラリを使っている場合は、それぞれ適切なヘッダーファイルをインクルードできるようにする必要があります。その場合も、環境変数 INCLUDE を適切に設定するか、コンパイルオプションを指定するか、あるいは、IDE を使っている場合には IDE のプロジェクトの設定などで設定します。

コンパイルエラーになる

コンパイル時にエラーとして報告される原因はさまざまあります。コンパイラは多く

の場合に適切なメッセージを出力するので、メッセージをよく読んで問題を解決します。ただし、C/C++ の特性として物理的な行と論理的な行が必ずしも一致していないので、問題がある行の後の行の問題として報告されることがあります。

たとえば次のコードがあるとします。これをコンパイルすると、「cout」に問題があると報告されることがあります（IDE の場合は、編集中に「cout」に問題があると指摘されることがあります）。

```
int x = 1            // この行の最後に;が必要
                     // しかし
cout << x << endl;   // coutに問題があると報告される
```

しかし、実際の問題はその前の行（`int x = 1`）の最後に ;（セミコロン）がないことです。

その他のコンパイル時のエラーについては、以下を参照してください。

シンボルが見つからない

コンパイルの段階でシンボルが見つからない場合は、定義されていないシンボルを参照しているからです。このような事態になる主な原因は、ヘッダーファイル（stdio.h とか iostream などインクルードするファイル）を正しくインクルードしていないか、関数や変数名などの名前のタイプミスである可能性が大きいでしょう。

C++ の場合で名前空間を使う場合は、「`using namespace std;`」などでファイル全体で名前空間を参照できるようにするか、あるいは、コードの中で「`std::cout << "Hello" << std::endl;`」のように名前空間で修飾する必要があります。

リンクできない

第 1 章の「コンパイルの過程」で説明したように、リンクは、狭義のコンパイルとは別のプロセスです。リンクには ld や link などのリンクのためのコマンドを使う必要

があります。ほとんどの場合コンパイラのコントロールプログラム（cl.exe、gcc、g++など）が自動的にリンカを呼び出し、必要な基本的ライブラリも自動的にリンクされますが、特定のライブラリやモジュールをリンクしなければならない場合はそのことをコマンドラインで指定しなければなりません（IDE を使っている場合はプロジェクトの設定で設定します）。

シンボルが見つからないという報告があった場合、まずエラーメッセージが何から出力されているのか（コンパイラなのかリンカなのか）を確認します。リンクの段階でシンボルが見つからない場合は、おそらく必要なライブラリやモジュールをリンクしていないか、あるいは名前が違うのだろうなどと考えることができます（Windows と Linux など UNIX 系の OS では、同じ関数でも名前が微妙に異なることがあります）。

また、C 言語と C++ のソースが混在しているときには、関数が C の規約でリンクするのか、C++ の関数としてリンクするのかということを extern というキーワードを使って明示しなければなりません。C 言語の範囲内では C++ の要素を使えないので、通常は C++ のプログラムで extern "C" を使います。

```
extern "C" int add(int a, int b);
```

2.2 制御不能になった場合

　プログラムが制御不能になったときに電源ボタンを長押ししてシステムを再起動する前にやってみるべきことがあります。そして、プログラムを停止するかマシンを再起動することができたら、「第3章 デバッグ技法」を参照してプログラムをデバッグします。

プログラムを止める

　Windowsのコンソールプログラムだったら、[Ctrl]+[c]を押してみます。Linuxのターミナルで実行中のプロセスは、[Ctrl]+[z]で停止を試みます。

　また、コンソールプログラムで標準入力を使って入力中のプログラムなら、[Ctrl]+[d]を押してみます。

タスク／プロセスを停止する

　Windowsであれば[Ctrl]+[Alt]+[Delete]を押してタスクマネージャを表示して、暴走しているタスクを終了します。

　Linuxの場合、（必要に応じて[Ctrl]+[Alt]+[F1]でコンソールモードに切り替えてから）[Ctrl]+[Alt]+[Delete]を押してプログラムを終了します。また、psでプロセスを調べて、kill [pid番号] でプロセスを停止します。

ウィンドウを閉じる

　GUIアプリケーションだったら、ウィンドウを閉じる操作をしてみます。ウィンドウには右上または左上にウィンドウを閉じるための[×]のような形状のアイコンがあるのでそれをクリックします。また、[Alt]+[F4]キーで閉じることもあります。

　コンソールアプリケーションでも、WindowsやLinuxのウィンドウシステムのコン

ソール中で実行されているプログラムなら、そのコンソールウィンドウを閉じることでプログラムを終了できる場合があります。

電源を切る

どのような方法でも制御不能になったときの最後の手段は、電源ボタンを長押ししてシステムを終了する方法です。電源ボタンを長押ししても反応しない場合は、電源コードを抜く、ノートパソコンならバッテリーを外す、という荒業もあります。

ただし、ハードディスクなどを壊す可能性があるので、どうしても他の方法ではダメな場合に限って、自己責任で行ってください。

2.3 プログラムがクラッシュする場合

ここでは、プログラムがクラッシュした場合の原因と対策を説明します。

「停止」ダイアログが表示される

Windowsで「動作が停止しました」のダイアログボックスが表示された場合は、例外と呼ばれるような重大な事態が発生したか「segmentation fault」と呼ばれるような重大な問題である可能性があります。

プログラムを終了してデバッグする必要があります。

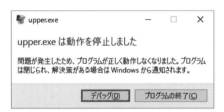

図2.1●動作停止のダイアログ

プログラムを終了したら、第3章「デバッグ技法」を参照して、デバッガを使うか、IDEでデバッグモードでプログラムのコードを追跡しながらデバッグしてください。

なお、デバッグについて十分に理解し、Visual Studioのようなデバッグ機能付きIDEがインストールされていれば、［デバッグ］ボタンをクリックしてデバッグを試みることもできます。

IDE でデバッグダイアログが表示される

　Visual Studio でデバッグライブラリのダイアログボックスが表示された場合は、例外と呼ばれるような重大な事態が発生したか「segmentation fault」と呼ばれるような重大な問題である可能性があります。［中止］ボタンをクリックしてプログラムを停止してから、第 3 章「デバッグ技法」を参照して、プログラムを追跡して問題の箇所を特定します。

図2.2●デバッグライブラリのダイアログ

　ダイアログボックスに表示された問題の箇所（図の例でいえば Line 56 Expression ...）は問題の原因を突き止めるヒントにはなりますが、必ずしも問題の原因を指しているわけではありません。図の例でいえば、問題の原因は C 言語のライブラリにあるかのように表示されていますが、実際の問題はその関数を呼び出しているコードにあり、問題の本当の原因はそれを呼び出しているプログラマのコードにあります。詳しくは第 3 章「デバッグ技法」を参照してください。

　なお、例外が発生した場合で、その例外がほかに影響を及ぼさない場合は、［無視］を選択してプログラムの実行を継続できる場合がありますが、発生した例外は特定してプログラムを修正する必要があります。

coreファイルが生成される

「segmentation fault」と出力されるなどしてプログラムがクラッシュしてcoreという名前のファイルが生成された時には、第3章「デバッグ技法」の3.3節「デバッガを使ったデバッグ」の「コアダンプの調べ方」を参照してください。

なお、環境によってはcoreファイルは生成されません。coreファイルをサポートしている環境でcoreファイルが作成さない場合は、次のコマンドでcoreファイルのサイズの上限がない設定にします。

```
$ ulimit -c unlimited
```

2.4 出力や表示がおかしい場合

ここでは出力や表示が正常でない場合の原因と対策を説明します。

文字化けする

プログラムの中で日本語を使っている場合、文字エンコーディング（慣用的に文字コードともいう）が適切でないと、いわゆる文字化けが発生します。

ターミナルやコマンドプロンプトウィンドウに表示するコンソールプログラムの場合は、プログラムの文字エンコーディングと出力するコンソールやウィンドウに設定されている文字コードを一致させると、いわゆる文字化けを防ぐことができます。

テキストエディタでソースプログラムを編集するときには、ソースを保存するときにコンソールの文字エンコーディングに一致させてください。

UNIX系のコマンドでエンコーディングを変換することもできます。たとえば、シフ

ト JIS のソースプログラムを UTF-8 に変換するときには、次のようにします。

```
$ iconv -f sjis -t utf-8 src.c > dest.utf
$ mv -f dest.utf src.c
```

また、nkf を使ってシフト JIS のソースプログラムを EUC に変換するときには次のようにします。

```
$ nkf -e file.c > file.euc
$ mv -f file.euc file.c
```

UTF-8 に変換した場合などで、¥（円記号）と \ （バックスラッシュ）が異なる文字コードであるコード体系の場合は、ソースファイルの中の ¥（円記号）を \ （バックスラッシュ）に変更してください。

GUI アプリケーションでは、そのとき使う GUI ライブラリが前提としているエンコーディングと異なるエンコーディングのテキストを表示しようとすると、いわゆる文字化けになります。そのような場合は、テキストの文字コードを変換します。

バイナリで保存した値をテキストとして読み込んだり、その逆の操作を行った場合も、いわゆる文字化けのような状態になる場合があります。また、適切に初期化していないメモリ領域にアクセスしてそれを文字列として表示した場合にも、いわゆる文字化けのような状態になる場合があります。

表示がおかしい

意図しないのに次々と大量の情報が表示されるような場合は、いわゆる無限ループになっている可能性があります。

GUI アプリケーションでテキストやグラフィックスで表示されるものがおかしい場合

は、テキストの場合は文字エンコーディングをチェックし、イメージファイルの場合はイメージの形式をチェックしてください。

　改行すべきところで改行しない、または1回の改行のつもりが2回になる場合は、改行コードがシステムの設定と一致していません。通常は、"\n"やstd::endlで意図通りに改行されますが、ファイルを読み込んでそのまま出力するようなときには、ファイルに含まれている改行コードに注意を払う必要があります。なお、fgets()やgets()は、改行コードを読み込んだあとにNULLを付けるので注意が必要です。

2.5 計算結果がおかしい場合

　きわめて精度の高い計算は、それだけでひとつの研究分野となり、分厚い書籍数冊分の内容になりますので本書の範囲外とします。ここでは、一般的な計算において結果が予期したものとは異なる、というような問題について考えます。

データ書式の間違い

　読み込みのときに指定する書式と、変数のデータ型は一致させなければなりません。次の例は、間違いです。

```
    double v;            // vはdouble

    printf(">");
    scanf("%f", &v);     // %fはfloat

    printf("d=%f\n", v);
```

この場合、「double v;」を「float v;」にするか、あるいは「scanf("%f", &v);」を「scanf("%lf", &v);」にしなければなりません。

実数計算

実数は、コンピュータの内部では浮動小数点数で表現されるので、計算の途中で誤差が生じることがあります。

たとえば、同じであるかどうかを調べるときに、単純に == で比較すると、問題が発生することがあります。

次のようなコードがあるものとします。

```
double x = 5.6;
double y = 0;
y = 7.0 * 0.8;          // yは5.6になるはず

if (x == y)
  System.out.println(x + "と" + y + "は同じ");
else
  System.out.println(x + "と" + y + "は違う");
```

「7.0 × 0.8」は 5.6 なので、これは「5.6 と 5.6 は同じ」になる筈です。

しかし、この一連のコードを実行すると、「5.600000 と 5.600000 は違う」という結果になるでしょう。コンピュータの計算では「7.0 × 0.8」は 5.6 にならないからです。その理由は、コンピュータの中で計算されるときに、数は 2 進数に変換されてから計算されます（コンピュータの中心的な要素である CPU やメモリは 2 進数しか扱えません）。実数は 2 進数に変換されるときに完全に正確に変換されずに誤差が発生することがあります。この誤差はきわめて小さいので、日常的な実数値として扱う時には問題にならない程度です。

しかし、プログラムの中で「同じかどうか」を調べるときには、これは大きな問題になります。上記のコードでは、通常は「5.600000 と 5.600000 は同じである」と判断

したいでしょう。そのような場合は、差の絶対値を計算して、その値がきわめて小さいかどうかで判断します。

具体的なコードは、たとえば次のようになります。

```
#include <math.h>   // math.hをインクルードする

    if (abs(x - y) < 0.000001)
        printf("%lfと%lfは同じ\n", x, y);
    else
        printf("%lfと%lfは違う\n", x, y);
```

このような方法で実数が「同じ」であるかどうか判断するのは定石ですから覚えておかなければなりません。

精度については、多くの場合、高い精度で計算を行うためには、単精度で足りなければ倍精度で計算すればよい、と考えがちです（C/C++では本来、倍精度実数が実数計算の基本です）。この有効桁数は、64ビットの数であるとすると、十進数で約16桁です（32ビットの単精度は約7桁です）。16桁有効であるものとすると、1234567890.12345という値が有効なので、これは、たとえば長さにすると12345.67890kmの距離で、0.12345mmまで正確である、ということになります。日常的な計算においてじゅうぶんな精度であるといえます。

ところが、実際に実数値を使って計算していると問題が発生することがあります。

いま、ここで1.235という値から1.234を引いたとします。1.235も1.234も4桁の数です。しかし、引いた結果は0.001です。つまり、1桁だけが有効です。これに、1384を掛けた値と1234を掛けた値を比較すると、計算上は差は1.384 − 1.123 = 0.150ですが、ここまでに保持している精度は1桁なので、意味がある数値は0.1だけです。もし0.15に意味があれば、四捨五入して答えは0.2になるはずです。さらに計算が続くと、まったく意味のない答えが出ることもあります。そしてさらに問題なのは、その答えが間違っているということはどこにも示されないことです。つまり、上の例では実際の数値を使って検討したので、途中で意味がある数値が0.1になることを確認できましたが、プログラムの中ではおそらくaとかbなどという変数として表すの

で、このような問題が発生することを認識するのが極めて難しい場合があるということです。

さらに、上の例では、四捨五入という言葉を使いましたが、四捨五入や切り捨て切り上げにも、丸め誤差という別の問題が含まれています。

計算結果は必ず他の方法で計算しなおして検証し、計算結果がおかしい時には、上記のような問題が含まれていないか検討し、必要に応じて、計算順序やアルゴリズムを変えるか、より精度の高い数値型を使うなどして計算する必要があります。

一般的に言える対策としては次のようなことがあります。

- 極めて近い値の差のように、計算する値に比べて結果が極めて小さくなる計算は最後に行う。
- とても大きい値と、とても小さい値の和や差を求めるような計算を混在させない。
- より高精度のデータ型を定義して計算する。

整数計算

整数の場合は、よりサイズの大きなデータ型を使うことで有効桁数が多くなりますが、やはり気づかない可能性がある問題として、オーバーフローの問題があります。オーバーフローとはあるデータ型では収まらない数値を保存すると予期した値とは異なる数として保存されてしまうということです。話を簡単にするために、たとえば、符号付き char の値を考えています。この範囲は、–128 〜 127 です。しかし、そのことに留意せずに、127 に 1 を加えてしまうと、–128 になってしまいます。これもコンパイル時にも実行時にもエラーとして報告されることはありません。プログラマの責任で対処しなければなりません。

2.6 動作が遅い場合

ここではプログラムの動作が遅い場合の原因と対策を説明します。

ボトルネックを探す

　速さの点で問題となるプログラムであっても、多くの場合、速さに大きな影響を与えている部分は限られています。ほとんどの場合、プログラムが遅くなる原因は、全体から見たらごく一部の小さな部分にあります。このようなプログラムの動きを遅くしている主な要因となっている部分を、ボトルネックといいます。

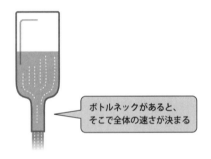

図2.3●ボトルネック

　ボトルネックがある場合、プログラム全体や他の場所の速さをいくら改善しても、状況はほとんど変わらないでしょう。そのため、ボトルネックがどこにあるのか探すことがとても重要になります。

　ボトルネックを突き止めるための最も基本的な方法は、処理や操作の各段階でかかる時間を測定する方法です。各ステップでの現在時刻を取得して、それぞれの部分でかかっている時間を調べるとよいでしょう。このとき、現在時刻をファイルやコンソールなどに出力すると出力に時間がかかってしまい、正確な時間を測定できないことがあり

ます（一般に、演算に比べて入出力にはとても時間がかかります）。そこで、各ステップの現在時刻をグローバルな変数などに保存しておき、プログラムの最後の部分で一気に出力するなどの工夫が必要になることがあります。

パフォーマンスを調べるときには、どちらかといえばあまり高性能でないマシンで調べるほうが問題点がより明確になるでしょう。特に、微妙な問題点が複数含まれているような場合は、高性能なマシンだと問題のある場所にかかる時間を正確に計測できず、ボトルネックを発見できないことがあります（速いマシンで計測した数値があまりにも小さい場合は、誤差である可能性を考慮しなければなりません）。

また、ユーザーは必ずしも高性能なマシンを使えるとは限らないので、性能の低いマシンで実行される可能性があるプログラムはそのようなマシンでテストするべきです。

なお、プログラムがたまに遅くなるようなときには、プログラム以外の要素が影響している場合があります。たとえば、ネットワークの通信速度が遅くなったり、不足するメモリの代わりにハードディスクなどを利用するOSのスワップ機能が働いたような場合、あるいはさまざまな理由によってディスクアクセスが異常に遅くなったために、結果としてプログラムの動作が遅くなることもあります。このような場合でも、たとえばデータの量を減らすことによって問題を解決できる場合があります。

無駄に冗長なコードを書きなおす

プログラマは知らず知らずのうちに無駄なコードを書いていることがあります。次の例を見てください。

```
v1 = (x1 + y1) / 2.0;
v2 = (x2 + y2) / 2.0;
z  = (v1 + v2 ) / 2.0;
```

これはx1とy1の平均値を求めて変数v1に代入し、x2とy2の平均値を求めて変数v2に代入し、最後にv1とv2の平均値を求めるコードの例です。とてもわかりやすいですが、このコードは次の1行で実現できます。

```
z = (x1 + y1 + x2 + y2)  / 4.0;
```

こうすることで実行される命令数が減って、結果的にプログラムが早くなります。

この例はとても単純な例ですが、複雑な座標計算などを行っていると、上に示したような無駄な代入をしてしまうことがよくあります。また、多重ループで繰り返し計算を行うような場合には時間がかかってしまう原因となります。

常にコードに冗長な部分がないか、注意を払うとよいでしょう。

本書で例示しているプログラムは、プログラムの速さより、わかりやすさと、デバッグのしやすさを優先しているので、あえて冗長に記述しているものがあります。

既存の資源の利用

プログラム全体をすべて自分で作る必要はまったくありません。すでにあるライブラリやアルゴリズムを活用することで、プログラムを容易に作れる上に、プログラムの速さを劇的に改善できる場合があります。

グラフィックスについていえば、グラフィックスカードがサポートする、高速で高機能なプログラムを実現できるグラフィックスライブラリがいくつか用意されています。そのようなライブラリをうまく活用すれば、高速なグラフィックスが容易に実現できます。

表2.1●高速化に役立つライブラリなど

名前	解説
DirectX	Windowsで主に高速グラフィックスを実現するとき役立つ。
OpenGL	高速グラフィックスを実現するとき役立つ。プラットフォーム依存しない。
OpenMP	並列コンピューティング環境を利用するために用いられる標準化されたライブラリ。

名前	解説
CUDA	GPU（Graphics Processing Units）の能力をプログラムの実行に活用するための C 言語の統合開発環境。
Intel Threading Building Blocks	インテルが公開しているマルチスレッド対応の C++ テンプレートライブラリ。

　また、並べ替え（ソート）や探索などのアルゴリズムは、早いアルゴリズムがたくさん研究されています。たとえば、何かを並べ替えたいときに、すべての要素を単純に比較して交換するよりも、クイックソートを使えばはるかに高速です。

最適化機能を利用する

　最適化とは、プログラムの速さやサイズなど、何らかの側面に焦点を当ててそれを改善することをいいます。一般的には単にコンパイラなどのプログラミングの場面で最適化といえば、実行時の速さを早くすることを指す場合が多いのですが、たとえば、実行ファイルのサイズを小さくすることも最適化のひとつです。

　C 言語のコンパイラは、速度を最適化するコンパイルオプションが指定できます。それを選択するだけで、プログラムの速さがかなり改善されることがあります。この方法の利点は、ボトルネックを探すとかコードを変更するなどの手間を必要とせず、単にオプションを指定してコンパイルするだけなので、とても手軽であるという点です。一方、最適化の方法はコンパイラに任せてしまうので、どのような方法で早くなっているのかわからない、デバッグの際にわかりにくくなるなどの欠点もあります。

　なお、環境によっては実行環境で最適化を指定できる場合もあります。たとえば、実メモリより大きなメモリを確保しないようにして、仮想メモリを使わない設定すると、状況によってはプログラムが早くなる可能性があります。

無駄な表示の更新を避ける

　GUI アプリケーションでは、表示の速度が問題になることがよくあります。そのような場合に、無駄な再描画を避けることで格段に速くなることがあります。

　多くのシステムで、ウィンドウや GUI コンポーネントなどに表示する際には、コードで何かを表示した後で、ウィンドウや GUI コンポーネント全体を描き替えるようになっています。そうしないと、表示が変わったことが反映されていないように見えるからです。

　しかし、時にはそういう再描画のために表示が遅くなることがあります。たとえば、リストボックスにたくさんの項目を追加するという作業を行うと、システムはリストボックスに 1 項目追加されるとリストボックス全体の表示を更新する、という作業を繰り返します。これはとても時間がかかります。しかし、たとえば Windows のリストボックスで、`BeginUpdate()` を実行してからリストボックスに項目を追加すると、項目が追加されても表示は更新されません。そして、すべての項目が追加されたあとで `EndUpdate()` を実行すると、リストボックスは一度だけ表示が更新されます。表示の更新が一度だけなので、これはとても早く終わります。

　このような、表示の更新を抑制する（あるいは再描画を禁止するともいう）手段は、多くのフレームワークの部品に用意されています。

　ただし、この方法を使うと、明示的に更新しない限り表示が更新されないので、現実には内容が変わっているのに見た目が変わらないという状況が発生することは心得ておかなければなりません。

CPU の能力を活用する

　マルチスレッドと並列処理は、速さの点から言うと、複数の CPU を備えているか、CPU のコアが複数ある状況で役立ちます。どちらも 2 個以上のプロセッサ（コア）で作業を同時に行う技術ですが、並列処理はひとつの同じ作業を分割して行うことに使われるのに対して、マルチスレッドは異なる作業を分けて行うという違いがあります。

並列処理は一群のデータに対して同じ作業を行う場合に特に有効です。たとえば、巨大なファイルの圧縮を行うときに、並列処理によってデータの各部を別のプロセッサで並行して行うことで、全体を処理する時間を短くすることができます。

　これに対して、マルチスレッドは分割できる異なる作業を並行して行いたいときに便利です。ファイルのダウンロードや印刷のようにどうしても時間がかかる処理は、バックグラウンドで行うようにすると、ダウンロードやドキュメントの印刷中に他の作業を行うことができます（結果としてみかけの速さも早くなります）。このようなバックグラウンドでの処理は、マルチスレッドで実現することができます。

　複数のプログラム（部分）を同時に実行するときには、複数のプログラムがひとつのリソースを取り合う「競合」と呼ぶ事態が発生しないように十分注意する必要があります。たとえば、あるスレッドが変数Aを書き替えようとしているときに、他のスレッドも変数Aを変更しようとするような場合に競合が発生します。

　また、複数のプログラム（部分）を実行するときには、それぞれの部分が終了してから次の処理に移行するために同期を取らなければならないことがよくあります。そのような場合に、大半の部分の処理が早く終わっても、一部の処理が完了していないと、それが完了するまで待つことになります。ですから、分割する処理の作業量が極端に違うことにならないように配慮することも必要です。

プログラムの分割

　一般的に言って、大きなプログラムは実行に時間がかかり、小さなプログラムは早く実行できる傾向があります（プログラムのロードや、メモリその他のリソースの効果的な利用などで違いが発生します）。そのため、大きなひとつのプログラムとして設計するよりも、実行可能な小さなプログラムに分割して、それらの実行を制御するプログラム（コントロールプログラム）から、そのとき必要なプログラムやプロセスだけを起動するようにすると、プログラムをより早く実行できる可能性があります。

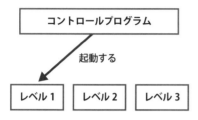

図2.4●プログラムの分割

　マルチタスク環境では、ほとんどの場合、プログラムから他のプログラムやプロセスを起動する機能があります。そして、C言語には、system()やfork()などの関数があり、フレームワークも他のプログラムやプロセスを起動するメソッドを提供しています。

　プログラムやプロセスを分割することの利点は、速さの面だけではなく、設計がシンプルになるという利点もあります。そして、重要なことは構造がシンプルであれば、デバッグが容易になり、かつ、速さを追求しやすくなるという点です。

短絡評価を使う

　短絡評価とは、演算子の左側の数を評価した段階で式全体の値が定まらない場合に限って右側の数を評価する方法です。

　次のような式があるとします。

```
if (w > 190 || getArea(h, w) > 57000)
    statement;
```

　OR演算子（||）の左側（w > 190）が真（true）であれば、式全体は必ず真（true）になります。したがって、「w > 190」という式を評価してwが190以上であるなら、演算子の右側の式「getArea(h, w) > 57000」を計算するまでもなくstatementは実行する必要があります。

　この例のOR演算子の右側の式は関数getArea()を呼び出すので時間がかかります

が、「w > 190」という式を評価した段階で呼び出さなければこのコードは素早く実行できます。

OR 演算子の左右が逆の場合を考えてみましょう。

```
if (getArea(h, w)> 57000 || w > 190)
    statement;
```

この場合、式「getArea(h, w)> 57000」は必ず実行されるので関数 getArea() は必ず呼び出されます。

短絡評価を活用すると無駄な関数の呼び出しを避けて素早く実行することができます。

ビットごとの AND 演算子（C/C++ の場合 &）や OR 演算子（C/C++ の場合 |）では、短絡評価は行われません。

ポインタを使う

ポインタをうまく活用することでプログラムの速さを劇的に早くできる場合があります。

たとえば、配列の数を順に扱うときに、ポインタを使えばポインタのインクリメントだけでデータに次々にアクセスできます。しかし、ポインタを使わずに、配列で同じことをする場合には、配列の添え字変数をインクリメントしてから個々の要素にアクセスしなければなりません。つまり、コンピュータ内部で行われることの手間は 2 倍以上違うことになります。

ここでは、double の要素が 10000 個のデータを扱う例で検討してみます。

```
#define NDATA   10000    // データ数

double data[NDATA];
```

この配列変数 data にランダムに値を入れて、それをソート（並べ替え）することにします。ソートにはクイックソートのような効率の良い方法がありますが、ここでは配列を使うときとポインタを使うときの速さを比べたいので、あえて、個々の要素を比較して、一方が大きければ他方と入れ替える、という単純ですが時間がかかる方法でソートを行います。

配列を使ってソートする関数 ArrayVersion() は次のようにします。

```c
/*
 *  配列を使ったバージョン
 */
void ArrayVersion(double data[])
{
    int i, j;
    double t;

    for(i=0; i<NDATA; i++) {
        for(j=i; j<NDATA; j++) {
            if (data[i] > data[j]) {
                t = data[i];
                data[i] = data[j];
                data[j] = t;
            }
        }
    }
}
```

これは、単純に data[i] を data[j] と比較して、data[i] のほうが data[j] より大きかったらその値を入れ替えることでソートする関数です。

この関数を配列ではなくポインタで操作するようにするには、たとえば次のように書き替えます。

```c
/*
 *  ポインタを使ったバージョン
```

```
    */
    void PointerVersion(double *data)
    {
        int i, j;
        double t, *p, *q;
        p = data;
        q = data;

        for(i=0; i<NDATA; i++, p++, q++) {
            for(j=i; j<NDATA; j++) {
                if (*p > *q) {
                    t = *p;
                    *p = *q;
                    *q = t;
                }
            }
        }
    }
```

大きく異なる点は数を比較して入れ替える次の部分です。配列のバージョンでは配列添え字を使って配列の要素を決定しています。

```
    if (data[i] > data[j]) {
        t = data[i];
        data[i] = data[j];
        data[j] = t;
    }
```

一方のポインタを使うバージョンでは、この作業に配列添え字は使いません。

```
    if (*p > *q) {
        t = *p;
        *p = *q;
        *q = t;
    }
```

違いはこれだけですが、実行してみると、たとえば次のような結果になります。

表2.2●配列とポインタを使ったときの比較

関数	概要	時間
ArrayVersion	配列を使う	296ms
PointerVersion	ポインタを使う	100ms

実行結果は環境によって変わります。

つまり、ポインタを使ったほうが、配列を使う場合よりも、およそ3倍速くなるということです。これはポインタを使うことの利点がきわめて明らかな例です。

レジスタを使う

　CPUにはレジスタという場所があって、そこに保存したデータは、メモリにあるデータよりも素早く操作できます。そこで、変数を、メモリではなく、レジスタに保存するようにすると、プログラムが早くなる可能性があります。
　値をレジスタにいれて操作したいときには、変数の宣言でキーワードregisterを付けます。

```
register double t;
```

　これで、変数tの値はメモリではなく、CPUのレジスタに入れられて使われる可能性が高くなります。ただし、プログラムの実行中に変数の値を保存できる可能性があるレジスタは限られているので、必ずレジスタが使われると保証されてはいません。
　「ポインタを使う」でやったのと同じ作業を、ローカル変数とレジスタ変数を使ったときで比較してみます。
　ローカル変数を使ったバージョンLocalVersion()を次に示します。

```
/*
 *  ローカル変数を使ったバージョン
 */
void LocalVersion(double data[])
{
    int i, j;
    double t;

    for(i=0; i<NDATA; i++) {
        for(j=i; j<NDATA; j++) {
            if (data[i] > data[j]) {
                t = data[i];
                data[i] = data[j];
                data[j] = t;
            }
        }
    }
}
```

レジスタ変数を使ったバージョン RegisterVersion() で変えるところは変数 t の宣言にキーワード register を付けるだけです。

```
/*
 *  レジスタ変数を使ったバージョン
 */
void RegisterVersion(double data[])
{
    int i, j;
    register double t;

    for(i=0; i<NDATA; i++) {
        for(j=i; j<NDATA; j++) {
            if (data[i] > data[j]) {
                t = data[i];
                data[i] = data[j];
```

```
                data[j] = t;
            }
        }
    }
}
```

これで実行してみると、次のような結果になります。

表2.3●ローカル変数とレジスタ変数を使ったときの比較

関数	概要	時間
LocalVersion	ローカル変数を使う	317ms
RegisterVersion	レジスタ変数を使う	117ms

レジスタ変数を使ったほうが、通常のローカル変数を使う場合よりも、およそ3倍速くなるという結果になりました。

レジスタ変数を使うときに注意しなければならないのは、すでに説明したように、CPUにあって利用できる可能性があるレジスタは限られていて、registerを指定したからといって、必ずしもレジスタが使われると限らない点です。

一般的には、レジスタ変数にするとパフォーマンスが改善される可能性があるのは、次のような条件に適合する場合です。

- 値を頻繁に使う
- メモリからレジスタへのロードに時間がかかる

実際にレジスタが使われるかどうかは、コンパイル後のマシンコードをアセンブリ言語に変換して調べることでわかりますが、一般的にはソースコードレベルでキーワードregisterを指定してみて、変化があるかどうか確認することでじゅうぶんでしょう。

マクロを活用する

C/C++ では、プリプロセッサで置き換えられてその場所に埋め込まれるマクロを使うことができます。マクロを使える場合は、関数呼び出しにするよりも、マクロを使うほうがプログラムが速くなります。

C/C++ のマクロは次のように定義します。

```
#define 文字列1 文字列2
```

これはコンパイル時（より厳密にはコンパイル前のプリプロセス時）に、文字列1が文字列2に置き換えられることを意味します。

たとえば、グラフィックスイメージの各ピクセルのカラーのRGBの各値の平均値を計算するとモノクロのイメージに変換できますが、この作業を行う関数はたとえば次のように作るでしょう。

```c
/*
 *   関数バージョン
 */
char tomono(char r, char g, char b)
{
    return (r + g + b) / 3;
}
```

これをイメージのすべてのピクセルに対して適用します。

```c
//  関数バージョンを使う
for(i=0; i<NDATA; i++) {
    c = tomono(data[i][0], data[i][1], data[i][2]);
    for (j=0; j<3; j++)
        data[i][j] = c;
}
```

この場合、tomono()をNDATA回だけ呼び出します。関数呼び出しでは一般的にレジスタの保存や復帰、パラメータの受け渡しなどの作業が関数を呼び出すたびに行われるので、時間がかかります。

一方、次のようなマクロを定義したとします。

```
#define mono(a, b, c) ((a + b + c) / 3)
```

これを利用するときにはソースコードでは次のように記述します。

```
#define mono(a, b, c) ((a + b + c) / 3)

    ⋮

// マクロバージョンを使う
for(i=0; i<NDATA; i++) {
    c = mono(data[i][0], data[i][1], data[i][2]);
    for (j=0; j<3; j++)
        data[i][j] = c;
}
```

すると、プリプロセスの段階でこのコードは次のように置換されます。

```
// マクロバージョンを使う
for(i=0; i<NDATA; i++) {
    c = ((data[i][0] + data[i][1] + data[i][2])/3);
    for (j=0; j<3; j++)
        data[i][j] = c;
}
```

このコードには関数呼び出しがひとつもないので、関数を呼び出すことによるオーバーヘッドをすべて削除できます。

バッファを使う

ファイルへの読み書きやネット上でのデータの送受を高速で行うには、バッファを活用します。

データを1バイト（あるいは数バイト）ずつ読み書きしたり転送するプログラムを作るよりも、ある程度の量のデータをまとめて読み書きしたり転送するプログラムのほうがより早くなります。そのためには、バッファを活用します。

バッファはプログラマが独自に実装することができます。たとえば、C言語では fgetc() で1バイトずつ読み込むよりも、char 配列のバッファを作って fgets() で多くのバイトを読み込むほうが早くなります。

なお、バッファは必ずしも自分で実装する必要はありません。たとえば MFC のようなフレームワークを使えば、バッファ付き入出力が実装されています。

サイズの小さなデータ型を使う

一般的には、サイズの大きなデータ型の値は、レジスタへのロードやメモリ間の移動、演算などに、サイズの小さなデータ型より時間がかかります。

たとえば、int 型整数と long long 型長整数では、int 型で演算したほうがずっと早くなります。また、巨大な構造体をそのまま受け渡すより、構造体を指すポインタを受け渡すほうがずっと早くなります。

ですから、扱うデータのサイズは、可能であれば、小さくするべきです。

なお、環境によっては整数型（たとえば int）に最適化されていて、それより小さい文字型（たとえば char）のほうが操作や処理に時間がかかることがあります。また、倍精度実数（double）で最適化されているために単精度実数（float）と倍精度実数（double）ではサイズが異なっても速さに明らかな変化がない場合があります。

しかし、8ビットの組み込みマシンなどでは、16ビット整数型に比べて8ビット文字型のほうが格段に速い場合もあります。そのような環境では、0～255 または –128～127 までの整数は 8ビット文字型変数に入れて演算したほうが早くなります。

このように、データ型による速さの違いは環境により異なります。

シフトを使って計算を速く行う

シフト演算とは値を構成するビットを左（上位方向）または右（下位方向）に移動する演算です。

整数値を構成する各ビットを左右にシフトすると、値を変更することができます。整数で符号を考えない場合、値を構成する各ビットを左にシフトすると、左に1桁移動するごとに値は2倍になります。次の例はわかりやすくするために8ビットの値で示した例です。

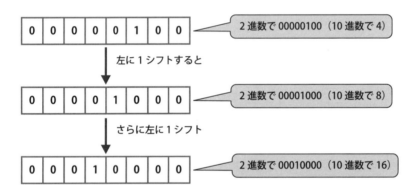

図2.5●左シフト

たとえば、値の各ビットを左へ3ビットシフトすると、値は $2 \times 2 \times 2 = 8$ 倍になります。

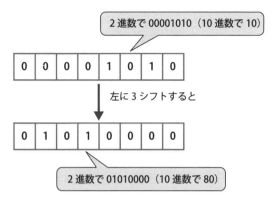

図2.6●左へ3シフトした状態

同様に、整数で符号やあふれた桁を考えない場合、値を構成する各ビットを右にシフトすれば値は小さくなります。右に1桁移動するごとに値は1/2になります。

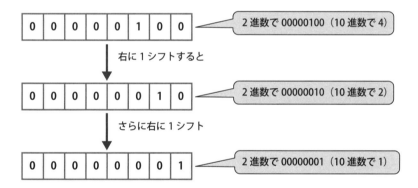

図2.7●右シフト

たとえば、右へ3ビットシフトして、最下位からあふれた値を破棄すると、値は 1/2 × 1/2 × 1/2 = 1/8 の大きさにして小数点以下を切り捨てた値になります。

整数の掛け算や割り算をシフト演算でできる場合は、シフト演算で行うと高速に実行できる可能性があります。

次の例はシフト演算で数を2倍するコードの例です。

```
for (int j=0; j<NUM; j++) {
    x = 1;
    for (int i=0; i<8; i++) {
        x = x << 1;
    }
}
```

次の例は通常の演算で数を2倍するコードの例です。

```
for (int j=0; j<NUM; j++) {
    x = 1;
    for (int i=0; i<8; i++) {
        x = x * 2;
    }
}
```

NUMを大きくして実行してみると、シフトを使うほうがずっと早くなることがわかります。

なお、現在のC/C++コンパイラはかなり適切に最適化されていて、シフトが使える場合にはシフト命令を生成するようになっている場合があります。そのため、ソースコード上でシフト演算にすれば必ず早くなるとは限りません。

OpenMPを使う

OpenMPを使うと、ひとつの処理を複数のスレッドに分けて行うことができます。これは典型的には繰り返し回数が非常に多いforループで活用できます。

OpenMPの利点は、とても容易に利用できるという点です。

OpenMPを利用するときには、C++ならば、ソースファイルにOpenMPの次のようなディレクティブを追加するだけです。

```
#pragma omp parallel for reduction(+ : sum)
```

（OpenMPを利用するコード）

そしてコンパイル時に OpenMP を使うというオプション（Visual C++ ならば /openmp、g++ ならば -fopenmp）を付けるだけです。

次の例は OpenMP を使う場合と使わない場合の円周率の計算にかかる時間を比較する C++ のプログラムの例です。

```cpp
//
// mpvssp.cpp
//
#include <iostream>
#include <ctime>
#include <cmath>
#include <iomanip>
#include <omp.h>

// 区分求積法で π の近似値を求める。
// openMPバージョン
void openMPVersion()
{
    const int DivNum = 1000 * 1000 * 1000;
    const double delta = 1.0 / DivNum;
    double sum = 0;

#pragma omp parallel for reduction(+ : sum)
    for (int i = 0; i < DivNum; ++i)
    {
        const double x = (delta * i);
        const double area = delta *  1.0 / (x * x + 1.0);
        sum += area;
    }
     const double pi = sum * 4.0;

    std::cout << std::setprecision(15) << "PI ~= " << pi << std::endl;
}
```

```cpp
// 区分求積法で π の近似値を求める。
// シングルスレッドバージョン
void singleVersion()
{
    const int DivNum = 1000 * 1000 * 1000;
    const double delta = 1.0 / DivNum;
    double sum = 0;

    for (int i = 0; i < DivNum; ++i)
    {
        const double x = (delta * i);
        const double area = delta *  1.0 / (x * x + 1.0);
        sum += area;
    }
     const double pi = sum * 4.0;

    std::cout << std::setprecision(15) << "PI ~= " << pi << std::endl;
}

int main()
{

    time_t t;
    clock_t start, end;

    start = clock();    // スタート時間
    singleVersion();
    end = clock();      // 終了時間
    std::cout << "single Version=" << (end - start) << std::endl;

    std::cout << "OpenMPの最大スレッド数=" <<
        omp_get_max_threads() << std::endl;
    start = clock();    // スタート時間
    openMPVersion();
    end = clock();      // 終了時間
    std::cout << "openMP Version=" << (end - start) << std::endl;
```

```
    return 0;
}
```

これで最大スレッド数が4の環境で実行してみると、たとえば次のような結果になります。

表2.4●OpenMPを使った場合と使わない場合の比較

ケース	時間
OpenMPを使う場合	4310
OpenMPを使わない場合	2325

とても簡単な操作でプログラムがとても早くなることがわかります。

アセンブリ言語を使う

C/C++のプログラムでアセンブリ言語を使う方法には、主に2種類の方法があります。

ひとつはモジュール全体をアセンブリ言語で記述して、C/C++言語で作成したモジュールとリンクする方法です。あるいは、実行時にロードするモジュール全体をアセンブリ言語で記述するという方法もあります。たとえば、GUIを含むプログラム全体はC++で記述して、速度に重要な影響を与える部分だけアセンブリ言語の関数として作成して呼び出します。

もう一つの方法は、C/C++のソースの中にアセンブリ言語コードを挿入する方法です。この高級プログラミング言語のプログラムの中にアセンブリコードを埋め込む方法を、インラインアセンブラと呼びます。通常、アセンブリ言語のモジュールを呼び出すためには、パラメータの引き渡しに特別な方法を使ったり、レジスタの値を保存しておくなどの準備などが必要ですが、インラインアセンブラの中には特に準備なく、高級プログラミング言語の変数さえ使えるものがあります。この機能を使うと比較的容易にアセンブリ言語を使うことができます。

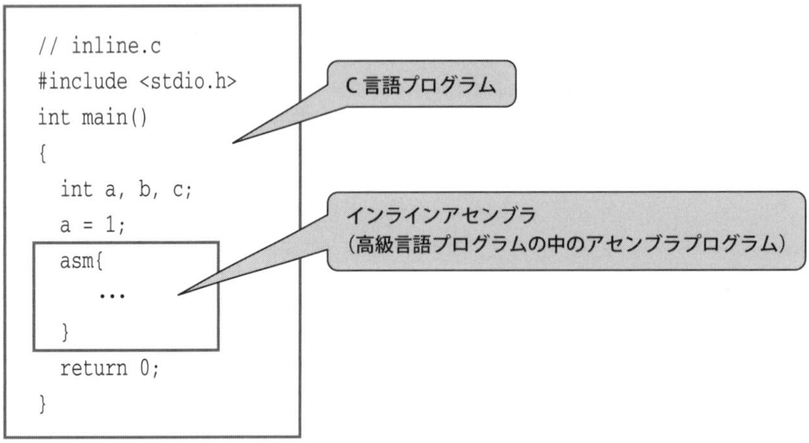

```
// inline.c
#include <stdio.h>
int main()
{
  int a, b, c;
  a = 1;
  asm{
      ...
  }
  return 0;
}
```

C言語プログラム

インラインアセンブラ
（高級言語プログラムの中のアセンブラプログラム）

図2.8●インラインアセンブラ

gccのインラインアセンブラはasm("　")の中に記述します。
次の例は、EAXレジスタの内容をEDIとよぶレジスタに移動します。

```
asm (" movl %eax,%edi");
```

アセンブリコードの中のコメントは'#'に続けて記述します。gccのインラインアセンブラの場合は、コメントには英数文字を使ってください。

次に、値を加算するための一連の命令をインラインアセンブラで記述したプログラムの例で示します。

リスト2.1●インラインアセンブラで記述したプログラムの例

```
/*
 * inline.c
 */
#include <stdio.h>
```

```
extern int add(int a, int b);

int main(void) {

    int a, b, c;
    a = 1;
    b = 2;

    // c = add(a, b);
    asm ("movl %0, %%eax"::"g"(a));
    asm ("movl %0, %%ecx"::"g"(b));
    asm ("addl %ecx, %eax");
    asm ("movl %%eax, %0":"=g"(c));

    printf("c=%d\n", c);

    return 0;
}
```

gcc のインラインアセンブラを使う場合、Linux や Windows といったプラットフォームの種類に影響されず、ひとつのソースコードですみます。

Microsoft の C/C++ コンパイラでインラインアセンブラで円の面積を計算する関数の例を示します。

```
double getAArea(double r)
{
    double area;
    const double pi = 3.1416;

    __asm {
        fld r        ; rをロードする
        fmul r       ; rを掛ける
        fmul pi      ; 3.1416を掛ける
        fstp area    ; 結果を変数areaに保存する
```

```
        }
        return area;
}
```

　これらの例はあくまでもインラインアセンブラの使用例を示すもので、速度に影響はありませんが、大きな関数や複雑な演算を繰り返し行うような場合には速度を改善できる可能性があります。

gccでオプション-Sを指定したり、Visual StudioやEclipseのようなアセンブリコードが表示されるIDEを使うと、C言語のソースからアセンブリ言語コードを生成することができます。この生成されたコードの無駄な部分を探して速度を早くするという方法もあります。

2.7 原因不明のトラブル

　ほとんどの場合、問題の原因はプログラマが作ったプログラムまたはデータに問題があり、プログラムを詳しく調べればその問題の原因を突き止めることができます。しかし、いろいろ調べてみてもどうしても原因がわからないことが稀にあります。

サンプルプログラムが動かない

　書籍や Web サイトにあるサンプルプログラムが動かない場合で、プログラムを自分で入力した場合は、タイプミスである可能性がとても高いです。特に、文字のタイプミス（hot を hat とタイプミスしている、cut を cat とタイプしているなど）、セミコロン（;）やコロン（:）などの入力のし忘れ、行を 1 行そっくり抜かしている、などの間違いは良くありがちです。

　タイプミスがないか、あるいは、ダウンロードしたプログラムファイルを使っていてコンパイルできなかったり実行できない場合は、使っている OS が異なっているために呼び出すべき関数がないことや、使っているライブラリ（たとえば、DirectX や OpenGL など）のバージョンが書籍や Web サイトで前提としているバージョンと異なることもあります。

コンパイラのバグ

　コンパイラもソフトウェアです。「役に立つプログラムには必ずバグがある」という良く知られた事実に関して、コンパイラも例外ではありません。コンパイラにもバグがあります。プログラムが正しくても、コンパイラおよびライブラリなどを含む処理系全体のどこかに、バグがあれば、プログラムが正しくても予期しない結果になることがあります。

　コンパイラのバグが疑われるときには、異なるコンパイラまたは異なるバージョンの

コンパイラでコンパイルして実行してみることで原因が判明することがあります。

環境の問題

　問題の原因がプログラムにあるのではなく、OS やネットワークなどプログラムを実行する環境にある場合があります。OS もひとつのソフトウェアですから、バグがあります。ネットワークや外部デバイスなどが正常に機能していないために問題が発生していることもあります。

　これらの問題を鑑別するためには、問題と思われる部分に特化した単純なテストプログラムを作成して実行してみる方法が簡単で確実です。

ビルドの問題

　プログラムに何も問題がなくても実行してみると予期した結果にならないという場合には、コンパイルがきちんとできているかどうか疑ってみることも必要です。

　次のような場合には、更新するべきものが正しく更新されていない（コンパイルすべきモジュールが再コンパイルされていない、更新ファイルがリンクされていないなど）ために問題の原因となっている場合があります。

- プリコンパイル済みヘッダーを使っている場合
- インクリメンタルリンクを行っている場合
- makefile を使って更新ファイルだけをコンパイル・リンクしている場合

　そのような場合には、すべてのファイルを再コンパイル・リンクすると問題が解決します。IDE では「すべて再ビルド」のようなコマンドがあります。あるいは、ビルドの途中で生成される中間ファイルをすべて削除してから再ビルドすることですべてのファイルが更新されます。

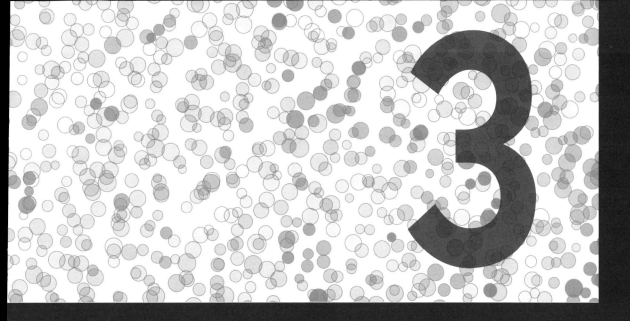

デバッグ技法

ここではデバッグの方法と、実際のデバッグの例を解説します。

3.1 デバッグの流れ

デバッグとは、プログラムの問題点を明らかにして修正する作業のことです。デバッグは次に示すような手順で行います。

状況の把握

デバッグするときには、まず、状況を正確に把握することが大切です。当たり前のことのようですが、ときには、おかしいことはわかるけれど、正確にどのようにおかしいのかわからない、ということがあります。たとえば、計算の結果が間違っているとします。その場合は、計算値がまるっきり違っている場合と、計算の途中までは正しいがどこかで値がおかしくなる、という状況では、対処方法が異なります。あるいは、情報が画面に表示されるけれど表示が早すぎて何が何だかわからない、などということもあります。ときには、ほとんどの場合は問題がないが、なぜかわからないけれどたまに問題が発生する、ということもあります。

そこで、デバッグする際には、まず、いつ、どのようなときに、何がどのようになるか、を明確にします。

問題を突き止める

問題の状況がわかったら、次に、その問題の原因となっているところを突き止めます。

問題の原因を突き止めるためには、ソースコードの理解が不可欠です。ソースコードの各行で何をしているのかわからない状態では問題の原因を突き止めることはできません。何かを参考にして作ったプログラムや、書籍やWebサイトのサンプルプログラムなどを扱っているときには、プログラムの詳細を調べることなく作業しがちですが、プログラムについて詳しく理解していないとデバッグはできません。

　デバッグに、IDEやデバッガを使っていれば、IDEのデバッグ機能やデバッガの機能を使って問題の原因を突き止めることができます。この作業は、基本的には、どこかにブレークポイント（プログラムの実行を一時的に停止するところ）を設定し、プログラムをブレークポイントまで実行して一時的に実行を止め、そこからプログラムを1ステップずつ実行しながら、コードや変数の値などを追跡します（具体的な方法は後で解説します）。

　また、問題の原因を突き止める際に、標準出力にプログラムの各部分の状況を出力することが役立つことが良くあります。たとえば、ある関数func()の最初に次のようなコードを記述します。

```
int func() {

    puts("Top of func()");
        ⋮
}
```

　こうすることで、その関数func()が実行されたか、あるいは何回実行されたかわかります。

　重要な変数の値を出力することも役立ちます。

　GUIアプリケーションでは、プログラム実行中の情報を表示するために、メッセージボックスを利用することができます。

次の例は、WindowsのFormアプリケーションでメッセージボックスを表示するコードの例です。

```
        :
#ifdef DEBUG
        if (x > 100)
                MessageBox::Show("xの値が100を超えている。", "エラー");
#endif
```

図3.1●メッセージボックスの例

さらに次のような手段が有効であることがあります。

● エラーコードやエラー情報を出力する。

Cの標準ライブラリで提供されている関数には、エラーが発生すると、グローバル変数 errno にエラーコードをセットしたり、perror() を呼び出すとメッセージを出力できるものがあります。これらを使ってエラー情報を出力するようにコードを記述するとよいでしょう。

次の例は、ファイルを開くときにエラーが発生したら、エラーに関する情報を出力するコード例です。

```
    // ファイルを開く
    if ((fp = fopen(argv[1], "rb")) == NULL) {
        printf("ファイル%sを開けません。\n",argv[1]);
        printf("errorno=%d\n", errno);
        perror( "perror says open failed" );
        return (-1);
```

        }

このコードはたとえば開くべきファイルがないと次のような情報を出力します。

    ファイルabc.txtを開けません。
    errorno=2
    perror says open failed: No such file or directory

● ビープを鳴らすためのコードを挿入する。

　音が鳴ることでそこを実行したかどうかと、実行した回数がわかります。音を鳴らすには、ベルの制御コード 7 を `putchar()` のような関数を使って出力する方法が最も簡単です。

    putchar(0x7);   // または putchar('\a');

システムによってはこのコードではビープ音が鳴らない設定である場合があります。特に Linux ではビープ音が鳴らない設定になっている場合が良くあります。Linux マシンでこの方法を使うときには、ターミナル（端末）にベルの制御コードを出力するとビープ音が鳴る設定になっているかどうか確認してください。

　また、ウィンドウシステムの `Beep()` のような音を鳴らす関数を使っても良いでしょう。たとえば、Windows のフォームアプリケーションや CLR アプリケーションでは、次のコードでビープを鳴らすことができます。

    Console::Beep();

　このメソッドは、最初の引数に鳴らす音の周波数を指定することができます。次の例はラの音を 500 ミリ秒だけ鳴らすコードです。

    Console::Beep(440, 500);

この周波数の指定を変えて音を鳴らすことで、プログラム実行中に鳴ったビープの位置を識別することもできます。

● スリープして実行を遅くする。

`sleep()`や`Sleep()`のようなプログラムを一時停止する関数などを使って実行を遅らせることで問題が明確になる場合もあります。

● 関数を取り出して調べる。

いつもプログラム全体で検討しようとせずに、問題となっていそうな関数を取り出して、それを実行するためのテスト用の`main()`とデータを用意して調べる方法は、余計な手間がかかりそうですが、実際には効率的な方法です。3.3節「デバッガを使ったデバッグ」で説明する方法を使うデバッグなどでも、プログラム全体を対象とするのではなく、問題となっていそうな部分だけを取り出して実行できるようにしてデバッグすると効率的です。

● ひとつのコードを調べるようにする。

マルチスレッドのプログラムであれば、メインスレッド以外に起動するスレッドを一個だけにしてみたり、並列処理のプログラムを、プラグマの記述やコンパイルオプションの指定で並列処理にならないようにして実行して問題の原因を探すことも有効です。

● デバッグ用のコードを挿入する。

デバッグの際に、デバッグ用のコードを挿入することで問題の場所を特定しやすくなります。

たとえば、次のようなコードがあるとします。

```
a[j] = (x1 * 3 + y1 * 2) / 3 + (x2 * 3 + y2 * 2) / 3;
```

この右辺の式の「(x1 * 3 + y1 * 2) / 3」と「(x2 * 3 + y2 * 2) / 3」の値がそれぞれ明確な意味のある値であるなら、デバッグ用に次のように一度変数に保

存することで値を追跡して確認しやすくなります。

```
z1 = (x1 * 3 + y1 * 2 ) / 3;
z2 = (x2 * 3 + y2 * 2 ) / 3;
a[j] = z1 + z2;
```

パフォーマンス上の配慮から、リリースする実行ファイルではこのようなコードを分割したくないという場合は、`#ifdef` ディレクティブを使って次のようにします。

```
#ifdef DEBUG
    z1 = (x1 * 3 + y1 * 2 ) / 3;
    z2 = (x2 * 3 + y2 * 2 ) / 3;
    a[j] = z1 + z2;
#else
    a[j] = (x1 * 3 + y1 * 2 ) / 3 + (x2 * 3 + y2 * 2 ) / 3;
#endif
```

こうすることで、シンボル DEBUG が有効な時（「`#define DEBUG`」を記述するかコンパイルオプションでシンボル DEBUG を定義したとき）にはデバッグ用のコードが実行され、シンボル DEBUG が無効な時（「`#define DEBUG`」の前にコメント記号を入れるか削除したとき）にはリリース用のコードが実行されるようになります。

● 戻り値を確認する。

多くの C/C++ の関数は、正常に終了したか失敗したかを示すために戻り値を返します。この関数が返す値を調べることは、時間を浪費しないためにとても大切です。何か問題が発生してその原因を探るために戻り値を調べるだけでなく、成功 / 失敗を表わす戻り値を返す関数については、あらかじめ戻り値を調べるコードを記述しておくべきです。

特に GUI アプリケーションの場合は、次のような手段が有効であることがあります。

● 画面キャプチャを取る。

　問題になっている場面の画面キャプチャを取って、正常な部分のキャプチャと詳しく比べることや、問題の原因となっている可能性がある場面の状況を詳しく調べることができます。

● コンソールまたはログファイルに情報を出力する。

　GUIアプリケーションの場合、メッセージボックスを使ってデバッグ中の情報を表示することが可能ですが、多くの情報を追跡したいようなときには、コンソールに情報を出力したり、デバッグ用のログファイルを開いてそこに情報を出力するという方法が有効である場合があります。

修正

　問題の原因が明らかになったら、コードを修正します。このとき、必要に応じて前の状態に戻れるように修正前のコードを保存しておくとよいでしょう。というのは、修正が正しい修正であるかどうかは、修正して実行してみて評価してみないとわからないことがあるからです。

　修正前のコードを保存するためには、バージョン管理システムを活用する方法がありますが、単純な修正ならば、修正前のコードをコメント記号で無効にしておき、次の行に修正したコードを記述するという方法を取ることもできます。

　広範囲に修正を試みたい場合は、ディレクティブ（#ifdef/#ifndef）を使って次のようにする方法もあります。

```
#ifndef NEWCODE
    ...            // 修正したコード
#else
    ...            // 修正前のコード
#endif
```

テスト

　プログラムが完成したと判断できた段階で重要になるのはプログラムのテストです。プログラム開発中のプログラムの部分的なテストはもちろん、デバッグが終了したあとの実践的なテストも軽視できません。

　ここでの基本的な考え方は、設計やプログラミングの段階で予想していなかった特別または異常な状態を想定することです。ユーザーはプログラマが想定した通りにはプログラムを操作しません。また、想定していなかったデータが入力されることもあります。たとえば、実数が入力されるものとして作成した部分で、ユーザーは整数を入力する可能性があります。あるいは、想定していた値よりずっと小さい値を入力する可能性もあります。

　また、プログラムが実行される環境もさまざまです。環境によって文字エンコーディングが異なるという点は、特に日本語を扱うプログラムでは重要な問題です。

3.2 IDE でのデバッグ

　ここでは IDE のデバッグの機能を使ってプログラムをデバッグする方法を説明します。

IDE のデバッグ機能

　IDE には、通常、デバッグ機能が備わっています。このデバッグ機能は具体的には次のような機能です。

● コードにブレークポイントを設定する。

　ブレークポイントは、プログラムの実行を一時停止する点です。プログラムを調べるためにはどこかでプログラムを止める必要があります。いくら IDE を使ってデバッグモードのプログラムを実行しても、ブレークポイントを設定しないでプログラムを実行すると、プログラムは通常通り最後またはクラッシュするところまで実行されてしまいます。そこで、ブレークポイントを設定してデバッグのときにそこでプログラムが一時停止するようにします。ブレークポイントは、Eclipse であればメニューから［実行］─［ブレークポイントの切り替え］を選択すると設定できます。Visual Studio であればメニューから［デバッグ］─［ブレークポイントの設定 / 解除］を選択すると設定できます。

3.2 IDE でのデバッグ

```
(グローバルスコープ)                          str2upper(char * str)
/*
 * upper.c
 */
#include <stdio.h>
#include <ctype.h>

char *str2upper(char *str)
{
    char *p;

    for (p = str; p!= '\0'; p++)
        if (islower(*p))
            *p = toupper(*p);
    return str;
}

int main(int argc, char **argv)
{
    char *p, str[10] = "Hello";

    p = str2upper(str);

    printf("str=%s\n", p);

    return 0;
}
```

図3.2●Visual Studioでブレークポイントを設定した例（●がブレークポイントの行）

```
 1  /*
 2   * upper.c
 3   */
 4  #include <stdio.h>
 5  #include <ctype.h>
 6
 7  char *str2upper(char *str)
 8  {
 9      char *p;
10
11      for (p = str; p!= '\0'; p++)
12          if (islower(*p))
13              *p = toupper(*p);
14      return str;
15  }
16
17  int main(int argc, char **argv)
18  {
19      char *p, str[10] = "Hello";
20
21      p = str2upper(str);
22
23      printf("str=%s\n", p);
24
25      return 0;
26  }
27
```

図3.3●Eclipseでブレークポイントを設定した例（○がブレークポイントの行）

IDEの表示詳細は、IDEのエディションやバージョンによって異なることがあります。

● コードを1ステップ実行する。

プログラムをデバッグモードで実行しブレークポイントで一時停止したら、ステップイン、ステップアウト、ステップオーバーの各コマンドでステップ実行できます。これらの意味は次のとおりです。

表3.1●ステップ実行のコマンド

コマンド	意味
ステップイン	呼び出している関数の中に入る
ステップ・オーバー	呼び出している関数を実行して次のステートメントに移動する
ステップ・リターン／ステップアウト	現在の関数の中のコードをすべて実行して呼び出されている関数に戻る

● 変数などの値を表示する。

デバッグ中にはローカル変数の値が表示されます。また、式を入力して値を調べたり、値を変更することができます。

● 関数の呼び出し履歴を表示する。

ある関数が呼び出されるまでの関数の呼び出しの階層が表示されます。プログラムの問題の箇所がおおよそわかったら、さらに呼び出している関数などを調べて、問題の原因となっている関数を突き止めます。

これらの機能を使ってコードと値を追跡しながらプログラムの問題点を調べます。

IDEによっては、さらにC/C++に対応したアセンブルコードを表示したり、レジスタの値を表示したり、データベースに接続できるなど多くの機能を持つものもあります。

IDE を使ったデバッグの例

ここでは BMI（Body Math Index）を計算するプログラムをデバッグしてみます。BMI は肥満度を判断するための値で、次の式で計算します。

$$\mathrm{BMI} = \frac{体重(\mathrm{kg})}{身長(\mathrm{m}) \times 身長(\mathrm{m})}$$

デバッグするプログラムは、コマンドライン引数で身長と体重を取得し、BMI を計算して出力する次のようなプログラムです。

リスト3.1 ● BMIを計算するプログラム

```c
/*
 *   bmi.c
 */
#include <stdio.h>
#include <stdlib.h>

int main(int argc, char **argv)
{
    float h, w, bmi;

    h = atof(argv[1]);   // 身長

    w = atof(argv[2]);   // 体重

    h = h / 100.0;
    bmi = w / h * h;

    printf("BMI=%6.2f\n", bmi);

    return 0;
}
```

このプログラムはデバッグの説明のためのプログラムなので、もちろん間違いを含んでいます。

プログラムをビルドして、コマンドライン引数を設定してから実行してみます。

コマンドライン引数は、Visual Studioの場合はプロジェクトのプロパティとして設定できます。

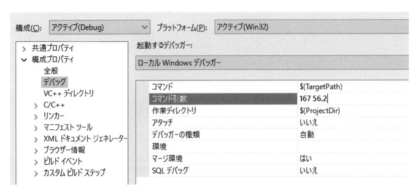

図3.4●Visual Studioでのコマンドライン引数の指定「*のプロパティ」ダイアログ**

Eclipseの場合、コマンドライン引数は「実行構成」ダイアログボックスで指定できます。

図3.5●Eclipseでのコマンドライン引数の指定（「実行構成」ダイアログボックス）

コマンドラインからプログラムを実行するときには次のようにします。

```
>gcc -o bmi bmi.c
>bmi 167 56.2
```

たとえば、次のような実行結果になるでしょう。

```
BMI= 56.20
```

　BMIの値は普通の体格で23〜24ぐらいですから、この結果は間違っています。念のために電卓で正しい値をチェックしてみると値が違うことがわかります。明らかにプログラムのどこかが間違っています。

　プログラムをデバッグするために、デバッグの構成でプログラムをビルドします（あるいはメニューから［デバッグ］を選択してプログラムを実行します）。Visual StudioやEclipseの場合、プログラムの実行可能ファイルは、リリース用とデバッグ用それぞれにビルドできるようになっているので、必ずデバッグ用の構成を選択します。

図3.6●Visual Studioのデバッグ用構成の選択

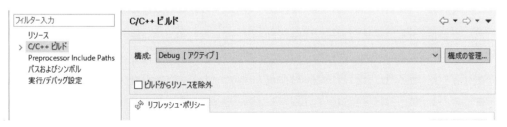

図3.7●Eclipseのデバッグ用構成の選択

プログラムをデバッグ用にビルドしたら、まず、入力された値が正しく身長や体重の値になっているかどうか、調べてみます。次の行にブレークポイントを設定します。

    h = atof(argv[1]);   // 身長

基本的にはブレークポイントは実行されるステートメントに設定します。関数名や初期化式など実行されないステートメントにブレークポイントを設定すると、実際にプログラムの実行が止まる位置は次の実行されるステートメントになる場合があります。

［実行］ー［デバッグ］でプログラムをデバッグ実行すると、プログラムはブレークポイントで停止します。このときステップ実行で 1 ステップだけ進めてから h を調べると適切な値が入力されていることがわかります。

値は式が評価されてからでなければ調べることができないので、「h = atof(argv[1]);」という式の h の値を調べたいときには、「h = atof(argv[1]);」の行をステップ実行してから h を調べます。

　ステップオーバーでさらに実行してゆき w を調べると適切な値が入力されていることがわかります。
　さらに次の行をステップ実行します。

    bmi = w / h * h;

すると、bmi の値が異常に大きいことがわかります。これで、この式が間違っているということがわかります。
　式を検討してみると、正しい式は次の式でなければならないことに気づくでしょう。

    bmi = w / (h * h);

デバッグを中止してから、プログラムを修正します。そして実行してみると、正しくなったことがわかります。

入出力のあるプログラム

次に、コンソールからデータを入力するプログラムを見てみます。

コンソールからデータを入力するプログラムの場合は、最初に身長を入力し、次に体重を入力することにすると、プログラムはたとえば次のようになります。

リスト3.2●bmicnsl.c

```c
/*
 * bmicnsl.c
 */
#include <stdio.h>
#include <stdlib.h>

int main(int argc, char **argv)
{
    float h, w, bmi;
    char buff[64];

    printf("身長(cm)=");
    fgets(buff, 64, stdin);
    h = atof(buff);

    printf("体重(kg)=");
    fgets(buff, 64, stdin);
    w = atof(buff);

    h = h / 100.0;
    bmi = w / h * h;

    printf("BMI=%6.2f\n", bmi);
```

```
    return 0;
}
```

プログラムをコンパイルして、実行してみます。

```
身長(cm)=165.5
体重(kg)=60.2
BMI= 60.20
```

この結果も（前の例と同じ理由で）間違っています。

プログラムをデバッグするために、プログラムをデバッグ用にビルドしたら、まず、入力された値が正しく身長や体重の値になっているかどうか、調べてみます。次の行にブレークポイントを設定します。

```
    h = atof(buff);
```

［実行］—［デバッグ］でプログラムをデバッグ実行すると、「身長 (cm)=」と出力されるので身長の値を入力します。すると、プログラムはブレークポイントで停止します。

IDE（デバッガ）によっては、標準入出力があるプログラムを意図したようにデバッグできない場合があります。

さらに1ステップだけ進めてhを調べると適切な値が入力されていることがわかります。
ステップオーバーでさらに実行してゆくと「体重 (kg)=」が出力されるので体重の

値を入力します。このときwを調べると適切な値が入力されていることがわかります。
　さらに次の行をステップ実行します。

```
    bmi = w / h * h;
```

すると、`bmi`の値が異常に大きいことがわかります。これで、この式が間違っているということがわかります。
　式を検討してみると、正しい式は次の式でなければならないことに気づくでしょう。

```
    bmi = w / (h * h);
```

　デバッグを中止してから、プログラムを修正します。そして実行してみると、正しくなったことがわかります。

ポインタを使ったプログラム

　次にポインタを使った関数を呼び出すプログラムをデバッグしてみましょう。次のプログラムは「Hello」という文字列の文字をすべて大文字に変換して出力するプログラムです。このプログラムには間違いがあります。

リスト3.3●upper.c

```
/*
 * upper.c
 */
#include <stdio.h>
#include <ctype.h>

char *str2upper(char *str)
{
    char *p;
```

```
    for (p = str; p!= '\0'; p++)
        if (islower(*p))
            *p = toupper(*p);
    return str;
}

int main(int argc, char **argv)
{
    char *p, str[10] = "Hello";

    p = str2upper(str);

    printf("str=%s\n", p);

    return 0;
}
```

　このプログラムをビルドして実行すると、メッセージを出力してプログラムが停止するか、いわゆる暴走状態になるか、デバッガが起動するでしょう（実行している環境によって異なります）。いずれにしても、これはプログラムに重大な誤りがあることを意味しています。

　このプログラムをデバッグするために、デバッグ構成でビルドし、`main()`の最初の関数にブレークポイントを設定ます。

```
    char *p, str[10] = "Hello";
```

この行まで実行してさらに1ステップ実行すると、次は関数を呼び出すコードです。

```
    p = str2upper(str);
```

　ここでステップオーバーを実行すると、プログラムは前の時と同じように停止するはずです。つまり、関数`str2upper()`を呼び出すと問題が発生するのですから、問題

の原因は str2upper() にあるということがわかります。

　デバッグを中止して、再度ブレークポイントまで実行して 2 ステップ実行すると次の行になります。

```
p = str2upper(str);
```

ここでステップインを実行します。すると、プログラムの制御は関数 str2upper() の最初の行に移動します。そして、次の行をステップ実行します。

```
for (p = str; p!= '\0'; p++)
```

このとき、*p の値は "Hello" の最初の 'H' になっているはずです。

　さらにステップ実行を続けて for ループの中の *p の値を見ていきます。*p の値は 'e'、'l'、'l'、'o' と変わって行き、「Hello」がすべて大文字になったら次に for ループは終了するはずです。ところが、終了しないでしょう。つまり、for ループの終了条件が間違っていたことがわかります。

　for ループを次のように修正します。

```
for (p = str; *p!= '\0'; p++)
```

これでビルドして実行すると、意図したように文字列「Hello」の中の大文字がすべて大文字の変換されて出力されるはずです。

3.3 デバッガを使ったデバッグ

ここでは IDE のデバッグ機能ではなく、単独で機能するツールとしてのデバッガを使ったデバッグ方法を解説します。

ここではシンボリックデバッガ gdb を使ったデバッグの方法を解説します。

gdb を使うための準備

シンボリックデバッガは、ソースコードが存在するプログラムのデバッグに使います。

gdb を利用するためには、オプション -g を指定して C/C++ のソースプログラムをビルドします。ここでは既出のプログラム bmi.c を使ってデバッグしてみます。

```
$ gcc -g -o bmi bmi.c
```

gdb を使うときには行番号が表示されたソースコードが手元にあると便利です。行番号を表示できるエディタを使うか、次のような単純なプログラムでソースコード行を付けたファイルを作成して印刷して手元に置いておくとよいでしょう。

リスト3.4●行番号を付けるプログラム

```c
/*
 *   lineno.c
 */
#include <stdio.h>

int main(int argc, char **argv)
{
    FILE *fp;
```

```
    char buffer[256];
    int count = 1;

    if (argc < 2)
        fp = stdin;
     else {
        if ((fp = fopen(argv[1], "rt")) == NULL){
            ;
        }
    }

    while (fgets(buffer, 250, fp) != NULL)
        printf("%3d %s", count++, buffer);

    fclose(fp);

    return 0;
}
```

このプログラムを使って、あとで gdb の使い方の説明に使う bmi.c に行番号を付けると、次のようになります。

```
 1 /*
 2  *   bmi.c
 3  */
 4 #include <stdio.h>
 5 #include <stdlib.h>
 6
 7 int main(int argc, char **argv)
 8 {
 9     float h, w, bmi;
10
11     h = atof(argv[1]);   // 身長
12
```

```
13      w = atof(argv[2]);   // 体重
14
15      h = h / 100.0;
16      bmi = w / h * h;
17
18      printf("BMI=%6.2f\n", bmi);
19
20      return 0;
21  }
```

3.5節「その他のツール」の「ddd」で説明するdddを使うと、gdbの機能をGUI環境で利用でき、このような準備は不要になります。また、行番号が表示されるテキストエディタを使うこともできます。

gdbの使い方

シンボリックデバッガgdbを起動するときには、gdbの引数としてデバッグするファイル名を指定します。

```
$ gdb 実行ファイル名
```

ここでは、bmi.cプログラムをgdbで調べてみます。

```
>gdb bmi.exe
（または）
$ gdb ./bmi
```

これでbmiプログラムがgdbにロードされます。

```
>gdb bmi.exe
GNU gdb (GDB) 7.9.1
Copyright (C) 2015 Free Software Foundation, Inc.
License GPLv3+: GNU GPL version 3 or later <http://gnu.org/licenses/gpl.html>
This is free software: you are free to change and redistribute it.
There is NO WARRANTY, to the extent permitted by law.  Type "show copying"
and "show warranty" for details.
This GDB was configured as "x86_64-w64-mingw32".
Type "show configuration" for configuration details.
For bug reporting instructions, please see:
<http://www.gnu.org/software/gdb/bugs/>.
Find the GDB manual and other documentation resources online at:
<http://www.gnu.org/software/gdb/documentation/>.
For help, type "help".
Type "apropos word" to search for commands related to "word"...
Reading symbols from bmi.exe...done.
(gdb)
```

gdbの挙動や出力される詳細は、gdbのバージョンや実行環境などによって異なることがあります。詳細が違っても気にしないでください。

ロードされたプログラムを実行するコマンドはrunです。コマンドの省略形はrです。ただし、bmiプログラムを実行するには引数を2個(身長と体重の値を)必要とするので、rのあとに引数を指定します。

たとえば、身長として 160（cm）、体重として 56（kg）を指定して bmi プログラムを gdb の中で実行するときには、次のようにします。

```
(gdb) r 160 56
Starting program: D:¥CDebug¥bmi.exe 160 56
[New Thread 12792.0x37d8]
[New Thread 12792.0x1e48]
BMI= 56.00
[Thread 12792.0x1e48 exited with code 0]
[Inferior 1 (process 12792) exited normally]
(gdb)
```

この場合、まだブレークポイントを設定していないので、プログラムは最後まで実行され、「BMI= 56.00」という誤った結果が出力されています。そのほかに、プログラムのコマンドライン「Starting program: D:¥CDebug¥bmi.exe 160 56」やスレッドの情報とプログラム（プロセス）が終了したことを知らせるメッセージが含まれています。

bmi プログラムは間違っているので、この結果「BMI= 56.00」は間違っています（BMI の値が 50 を超えるようなことは、正常な体形であれば通常はあり得ません）。

次に、最初の実行されるステートメントにブレークポイントを設定して実行してみます。最初に実行される行は、11 行目の次の式です。

```
11      h = atof(argv[1]);  // 身長
```

11 行目の式にブレークポイントを設定するには b（break）コマンドを使います。

```
(gdb) b 11
Breakpoint 1 at 0x4015c4: file bmi.c, line 11.
```

これでブレークポイントが設定できたので、プログラムを実行します。

```
(gdb) r 160 56
Starting program: D:\CDebug\bmi.exe 160 56
[New Thread 1904.0x2490]
[New Thread 1904.0x3610]

Breakpoint 1, main (argc=3, argv=0x1915b0) at bmi.c:11
11          h = atof(argv[1]);
```

プログラムがスタートして、11行目の直前で止まったことが示されます。

ここで注意したいことは、11行目はまだ実行されていないということです。そのため、ここで変数hの値を調べてもゼロになります。この式が正しく実行されているかどうか調べるためには、n（next）コマンドを実行して次の行の直前に移動します。

```
(gdb) n
13          w = atof(argv[2]);
```

ここでp（print）コマンドを使って変数hの値を調べることができます。

```
(gdb) p h
$1 = 160
```

変数hの値（身長の値）は160で、これは意図したとおりです。

同様にnコマンドを実行して1ステップ進めてからwの値を調べます。

```
(gdb) n
15          h = h / 100.0;
(gdb) p w
$2 = 56
```

wの値（体重の値）も56で問題ありません。
さらにnを実行してcmからm単位に変更した身長hの値を調べます。

```
(gdb) n
16          bmi = w / h * h;
(gdb) p h
$3 = 1.60000002
```

hの値は1.60000002です。0.00000002は実数を浮動小数点数に変換したときに生じる避けられない誤差であると考えると、この時点のhの値も意図した通りです。
さらにnを実行してbmiの値を調べます。

```
(gdb) n
18          printf("BMI=%6.2f¥n", bmi);
(gdb) p bmi
$4 = 56
```

bmiの値が体重と同じ56というのは明らかにおかしいです。これで、16行目の式が間違っているということがわかります。

```
16          bmi = w / h * h;
```

正しい式は次のとおりです。

```
bmi = w / (h * h);
```

c（continue）で最後まで実行してからq（quit）コマンドで終了するか、q（quit）コマンドでいきなり終了します（このとき、確認メッセージが出力されるのでyを入力します）。

ソースファイルを開いて16行目を修正してから、コンパイルして実行してみて確認します。

gdbにはほかにもさまざまな機能を利用できる多数のコマンドがあります。たとえば、watchコマンドを使ってある変数の値が特定の値になったときにプログラムを止めることもできます。gdbの主なコマンドは付録に掲載します。

関数とポインタを調べる例

IDEでのデバッグの説明で使った文字列の文字をすべて大文字に変換するプログラムupper.cをgdbでデバッグしてみます。

リスト3.5●upper.c（再掲）

```c
/*
 * upper.c
 */
#include <stdio.h>
#include <ctype.h>

char *str2upper(char *str)
{
    char *p;
```

```
    for (p = str; p!= '\0'; p++)
        if (islower(*p))
            *p = toupper(*p);
    return str;
}

int main(int argc, char **argv)
{
    char *p, str[10] = "Hello";

    p = str2upper(str);

    printf("str=%s\n", p);

    return 0;
}
```

デバッグ用にコンパイルしてから、gdb にロードします。

```
>gcc -g -o upper upper.c

>gdb upper.exe         (UNIX系OSの場合は「gdb ./upper」)
```

r コマンドで実行すると、「Segmentation fault」という問題が「`if (islower(*p))`」のコードで発生したことを示すメッセージが表示されます。

```
(gdb) r
Starting program: D:\CDebug\upper.exe
[New Thread 8572.0x17f4]
[New Thread 8572.0x3550]

Program received signal SIGSEGV, Segmentation fault.
```

```
0x00000000004015ca in str2upper (str=0x62fe30 "HELLO") at upper.c:12
12              if (islower(*p))
```

このメッセージには「in str2upper (...)」という情報もあり、これは関数str2upper()の中のコードであることがわかります。

kill コマンドでプログラムの実行をいったん終了します。「Kill the program being debugged? (y or n)」はプログラムを終了するかどうかの確認メッセージです。

```
(gdb) kill
Kill the program being debugged? (y or n) y
```

そして、関数str2upper()にブレークポイントを設定します。

```
(gdb) b str2upper
Breakpoint 1 at 0x4015bc: file upper.c, line 11.
```

r コマンドでプログラムを再度実行します。ブレークポイントを設定した関数str2upper()の最初の行の直前でプログラムが停止することがわかります。

```
(gdb) r
Starting program: D:\CDebug\upper.exe
[New Thread 4800.0x2f34]
[New Thread 4800.0x1338]

Breakpoint 1, str2upper (str=0x62fe30 "Hello") at upper.c:11
11              for (p = str; p!= '\0'; p++)
(gdb)
```

以降、nコマンドを使ってステップオーバーでコードを追跡します。ポインタが指す値を調べたいときにはp（print）コマンドを使って「p *p」のようにします。

```
(gdb) n
12              if (islower(*p))
(gdb) p *p
$1 = 72 'H'
```

この場合、最初にポインタpが指すアドレス（*p）には、文字「H」が入っていることがわかります。

さらに以降、nコマンドを使ってステップオーバーで次々にコードを追跡すると、「Hello」の中の小文字をすべて大文字に変換して最後の「\0」（p *pで表示される値は0 '\000'）でループが終了しないで、さらに繰り返すことがわかります。

displayコマンドを使うと、プログラムが停止するたびに値を表示するように設定できます。詳しくは付録のdisplayを参照してください。

つまり、次の行の「p!= '\0'」で文字列の最後を判定している所が間違いであるとわかります。

```
    for (p = str; p!= '\0'; p++)
```

正しくは次のコードです。

```
    for (p = str; *p!= '\0'; p++)
```

スタックフレーム

再び、修正前の upper プログラムを r コマンドで実行します。「Segmentation fault」という問題が「`if (islower(*p))`」のコードで発生したことを示すメッセージが表示されます。

```
(gdb) r
Starting program: D:\CDebug\upper.exe
[New Thread 1472.0x13c0]
[New Thread 1472.0x2f3c]

Program received signal SIGSEGV, Segmentation fault.
0x00000000004015ca in str2upper ()
```

ここで where コマンドを実行すると、次のような情報が表示されます。

```
(gdb) where
#0  0x00000000004015ca in str2upper ()
#1  0x0000000000401646 in main ()
```

これをスタックフレームと呼び、関数の呼び出し履歴を表しています。この場合、`str2upper()` が `main()` の中で呼び出されていることがわかります。

このときに、up コマンドを使うことで呼び出しているひとつ上の関数までフレームを上に上がることができます。

```
(gdb) up
#1  0x0000000000401646 in main ()
```

この例では便利さがわかりませんが、何重にも深く関数を呼び出している場合や、ラ

イブラリの中の関数（`printf()`のようなC言語のライブラリの関数の中でさらに呼び出している関数）で実行が停止したときなどに、upコマンドでスタックをさかのぼると便利な場合があります。

C++ プログラムのデバッグ

　gdbでC++のプログラムをデバッグする方法は、C言語をデバッグするときと同じです。

　ここでは、次のようなプログラムを考えます（このプログラムはデバッグの方法を示すためのものなので冗長な部分があります）。

```cpp
//
// cpptest.cpp
//
#include <iostream>
#include <string>

using namespace std;

class Member {

    string _name;
    int _age;

public:
    Member()
    {
        _name = "";
        _age = 0;
    }

    Member(string name, int age)
    {
```

```cpp
        _name = name;
        _age = age;
    }

    string getName() { return _name; }
    int getAge() { return _age; }
    int incAge() {
        int newage = _age + 1;
        return newage;
    }
};

int main() {

    // オブジェクトを作成する
    Member *member = new Member("Pochi", 16);

    // 年齢を1歳増やす
    int newage = member->incAge();

    // 新しい年齢を表示する
    cout << newage << endl;

    // 年齢を表示する
    cout << member->getAge() << endl;

    return 0;
}
```

このプログラムは、Member というクラスを定義しています。Member の中では _name と _age を保存し、それらにアクセスするためのコンストラクタとアクセサ(get)メソッドを定義してあります。また、incAge() で年齢を 1 歳インクリメントします。

C++のプログラムとしてコンパイルします。

```
D:\Path>g++ -o cpptest cpptest.cpp
```

このプログラムを実行すると、次のように出力されます。

```
17
16
```

"Pochi"の年齢は最初は16歳ですが、インクリメントした年齢は17歳になります。しかし、その後に、member->getAge()の結果を出力すると16歳になっています。つまり、このプログラムには間違いがあります。

デバッグ用にコンパイルするときにはオプション -g を付けてデバッグ情報を付加します。

```
D:\Path>g++ -g -o cpptest cpptest.cpp
```

デバッガgdbでmain()にブレークポイントを設定してrunコマンドで実行し、nextコマンドでステップ実行してprintコマンドでオブジェクトの内容を表示する例を示します。

```
(gdb) b main
Breakpoint 1 at 0x4015bf: file cpptest.cpp, line 32.
(gdb) run
Starting program: D:\CDebug\cpptest.exe
[New Thread 10312.0x3060]
[New Thread 10312.0x360]
```

```
Breakpoint 1, main () at cpptest.cpp:32
32          Member *member = new Member((string)"Pochi", 16);
(gdb) n
34          cout << member->getName() << ":" << member->getAge() << endl;
(gdb) p *member
$1 = {_name = "Pochi", _age = 16}
(gdb)
```

見てわかるように、C++ の場合でも C 言語のときとまったく同じ方法で操作できます。さらにコードを進めます。

```
Breakpoint 1, main () at cpptest.cpp:38
38          Member *member = new Member("Pochi", 16);
(gdb) n
41          int newage = member->incAge();
```

ここで、incAge() の中を調べるために step コマンドを使います。

```
(gdb) s
Member::incAge (this=0xc61f60) at cpptest.cpp:30
30              int newage = _age + 1;
(gdb) n
31              return newage;
```

ここで、newage と _age の値を出力してみます。

```
(gdb) p newage
$3 = 17
(gdb) p _age
$4 = 16
(gdb)
```

newage は 17（歳）になっていますが、_age の値は 16 なので、_age の値が変わっていないことがわかります。つまり、次の関数に間違いがあることがわかります。

```
int incAge() {
    int newage = _age + 1;
    return newage;
}
```

_age そのものをインクリメントするには、次のようにしなければなりません。

```
int incAge() {
    int newage = ++_age;
    return newage;
}
```

このようにプログラムを訂正して実行すると、次のように出力されます。

```
17
17
```

これで問題は解決しました。

gdb で cout への出力でクラッシュする場合は、オプション -g の代わりにオプション -ggdb を付けてコンパイルしてみてください。

コアダンプの調べ方

core（コア）ファイルは、プログラムが異常終了したときに、システムが生成するファイルです。core が生成されることを「コアダンプ」ともいいます。

core の内容はメモリイメージをファイル化したもので、デバッグの際に役立ちます。

core ファイルが生成されたエラーのあるプログラムをデバッグするために、gdb にコアファイルを読み込みます。

```
$ gdb -c core exefile
```

こうして core ファイルを実行可能ファイルと共に読み込めば、gdb の起動と共に問題が発生した場所（ソース行）が表示されます。

```
$ gdb -c core ./upper
GNU gdb (Ubuntu 7.10-1ubuntu2) 7.10
Copyright (C) 2015 Free Software Foundation, Inc.
License GPLv3+: GNU GPL version 3 or later <http://gnu.org/licenses/gpl.html>
This is free software: you are free to change and redistribute it.
There is NO WARRANTY, to the extent permitted by law.  Type "show copying"
and "show warranty" for details.
This GDB was configured as "x86_64-linux-gnu".
Type "show configuration" for configuration details.
For bug reporting instructions, please see:
<http://www.gnu.org/software/gdb/bugs/>.
Find the GDB manual and other documentation resources online at:
<http://www.gnu.org/software/gdb/documentation/>.
For help, type "help".
Type "apropos word" to search for commands related to "word"...
Reading symbols from ./upper...done.

warning: exec file is newer than core file.
[New LWP 1690]
```

```
Core was generated by `./UPPER'.
Program terminated with signal SIGSEGV, Segmentation fault.
#0  0x0000000000400678 in str2upper (str=0x7fff2717f980 "HELLO") at upper.c:12
12              if (islower(*p))
(gdb)
```

この例の場合、12行目の「if (islower(*p))」で問題が発生していることがわかります。

問題が発生している場所は12行目ですが、その問題の原因は11行目にあります。このように、問題の原因が問題が発生している場所より前にあることは良くあります。

また、whereコマンドで、問題の状態をスタック形式で表示することができます。

```
(gdb) where
```

環境によってはcoreファイルは生成されません。
coreファイルをサポートしている環境で「segmentation fault」と出力されるのにcoreファイルが作成さない場合は、次のコマンドでcoreファイルのサイズの上限がない設定にします。

```
$ ulimit -c unlimited
```

TUI モード

Linux など UNIX 系の環境では、gdb を起動するときにオプション -tui を付けることで、テキストベースの二つのサブウィンドウを持つ環境でデバッグすることができます。これを TUI（Text User Interface）モードといいます。

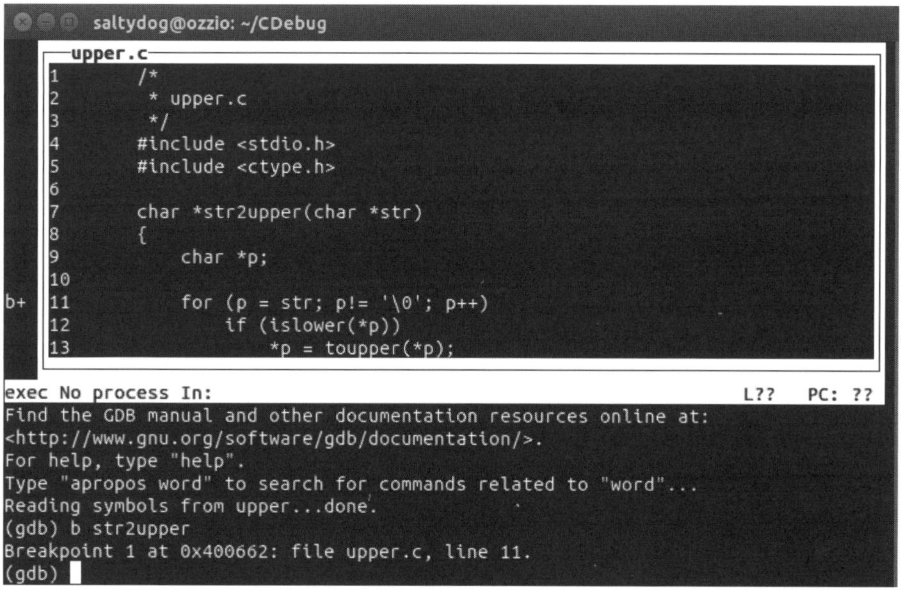

図3.8●TUIモードのgdb

TUI モードは、[Ctrl] + [X] + [A] キーで通常の gdb のモードに戻すことができます。また、通常の gdb のモードで [Ctrl] + [X] + [A] キーを押すと TUI モードになります。

TUI モードでは上部にソースコードが表示されるほか、ブレークポイントの位置などが表示されます。

3.5 節「その他のツール」の「ddd」で説明する ddd を使うと、GUI 環境で gdb を利用できます。

3.4 アセンブラの利用

デバッグするときにアセンブラコードを活用することもできます。

アセンブラ

　アセンブリ言語プログラムはアセンブラというソフトウェアを使ってマシンコードに変換されます。つまり、アセンブラ（Assembler）とは、本来、ソフトウェアのことです。しかし、慣例として、アセンブリ言語プログラムのことをアセンブラと呼ぶことが良くあります。

　アセンブリ言語プログラムは、たとえば「movl $0, %eax」のような形式で書きます。この場合は0(ゼロ)という値をCPUの内部のEAXという場所に保存する、という、きわめて単純な命令です。movlは命令で、ニモニックともいいます。

　アセンブリ言語プログラムとは、このような単純な命令をたくさんつなげてなんらかの機能を実現するプログラムです。

　アセンブリ言語プログラムの命令ニモニックはCPUやアセンブラごとに異なります。たとえば、値を移動する命令は、あるアセンブラではmovですが、movlやmoveを使うアセンブラもあります。

　アセンブリ言語プログラムの書き方も、対象とする動作条件やアセンブラの種類によって少し異なります。たとえば、あるアセンブラで「movl $0, %eax」と表記する同じコードを別のアセンブラでは「mov eax, 0」と表記します。

　さらに、アセンブラに組み込まれている機能である、マクロやディレクティブ、擬似命令などは、アセンブラの種類によってかなり異なります。そのため、同じCPUを使う同じOS上で動作するプログラムであっても、使用するアセンブラの種類によってアセンブリ言語プログラムの書き方は異なります。

　アセンブリ言語プログラムのことを、アセンブラと呼ぶようになった理由のひとつは、使用するアセンブラによってプログラムの書き方が異なるため、実際に使用するア

センブラについて学習する必要があるからであると思われます。つまり、使うアセンブラに応じて違う知識が必要になるわけですが、ひとつのアセンブラを使ったプログラミングに習熟すれば、ほかのアセンブラも容易に利用できるようになります。

IDEのアセンブラウィンドウ

IDEのデバッグ中に使える機能のひとつとして、アセンブリコードの表示機能が含まれている場合がよくあります。

次の図はEclipseの「逆アセンブル」ウィンドウで、これはすでに示したupper.cのデバッグ中のアセンブルコードを表示しています。

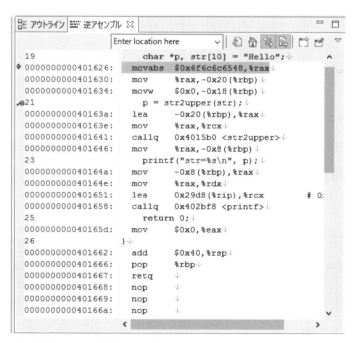

図3.9●Eclipseの「逆アセンブル」ウィンドウ

次の図は Visual Studio の「逆アセンブル」ウィンドウで、ここでもすでに示した upper.c のデバッグ中のアセンブルコードを表示しています。

```
逆アセンブル × test.c
アドレス(A): str2upper(char *)
▽ 表示オプション
    char *str2upper(char *str)
    {
⇒ 013513D0 55                    push        ebp
  013513D1 8B EC                 mov         ebp,esp
  013513D3 81 EC CC 00 00 00     sub         esp,0CCh
  013513D9 53                    push        ebx
  013513DA 56                    push        esi
  013513DB 57                    push        edi
  013513DC 8D BD 34 FF FF FF     lea         edi,[ebp-0CCh]
  013513E2 B9 33 00 00 00        mov         ecx,33h
  013513E7 B8 CC CC CC CC        mov         eax,0CCCCCCCCh
  013513EC F3 AB                 rep stos    dword ptr es:[edi]
    char *p;

    for (p = str; p!= '¥0'; p++)
  013513EE 8B 45 08              mov         eax,dword ptr [str]
  013513F1 89 45 F8              mov         dword ptr [p],eax
  013513F4 EB 09                 jmp         str2upper+2Fh (13513FFh)
  013513F6 8B 45 F8              mov         eax,dword ptr [p]
  013513F9 83 C0 01              add         eax,1
  013513FC 89 45 F8              mov         dword ptr [p],eax
  013513FF 83 7D F8 00           cmp         dword ptr [p],0
  01351403 74 3D                 je          str2upper+72h (1351442h)
        if (islower(*p))
  01351405 8B 45 F8              mov         eax,dword ptr [p]
  01351408 0F BE 08              movsx       ecx,byte ptr [eax]
  0135140B 8B F4                 mov         esi,esp
  0135140D 51                    push        ecx
```

図3.10 ● Visual Studio の「逆アセンブル」ウィンドウ

図の中の最初の行の C 言語形式で表示されているものは C 言語のコードで、それ以降に対応するアセンブリコードが表示されます。アセンブリコードのいちばん左側の「013513D0」などの値はその命令があるアドレス、その横の「55」や「8B EC」などはマシンコード、さらにその右の「push ebp」や「mov ebp, esp」などがアセンブリコードです。

C 言語のコードとアセンブリコードだけを取り出すと次のようになります。

```
char *str2upper(char *str)
{
        push        ebp
        mov         ebp,esp
```

```
        sub         esp,0CCh
        push        ebx
        push        esi
        push        edi
        lea         edi,[ebp-0CCh]
        mov         ecx,33h
        mov         eax,0CCCCCCCCh
        rep stos    dword ptr es:[edi]
    char *p;

    for (p = str; p!= '\0'; p++)
        mov         eax,dword ptr [str]
        mov         dword ptr [p],eax
        jmp         str2upper+2Fh (13513FFh)
        mov         eax,dword ptr [p]
        add         eax,1
        mov         dword ptr [p],eax
        cmp         dword ptr [p],0
        je          str2upper+72h (1351442h)
```

　アセンブリ言語の詳細はそれだけで一冊の書籍になるほどの説明になるのでここでは詳細は説明しませんが、このプログラムの場合、最後の2行はpの値が0であるかどうかでループを終了する（ループの最後にジャンプする）かどうかを決めています。ここでしたいことは、pが指しているところの値が0かどうか判断しなければならないので、ここが間違っているということがわかります。

ここでは、上のアセンブリコードの正しくない部分だけを指摘しておきます。
上のアセンブリコードの末尾の部分

```
add       eax,1
mov       dword ptr [p],eax
cmp       dword ptr [p],0
je        str2upper+72h (1351442h)
```

は、正しくは次のようになっているべきです。

```
add       eax,1
mov       dword ptr [p],eax
mov       eax,dword ptr [p]
movsx     ecx,byte ptr [eax]
test      ecx,ecx
je        str2upper+76h (1A1446h)
```

アセンブリコードの生成

　C/C++ コンパイラでアセンブリコードを生成することができる場合があります。

　たとえば、gcc の場合、-S オプションを付けると、C 言語のソースコードからアセンブラコードが出力されます。そして、コンパイル時にさらに -g オプションをつけてデバッグ情報を追加すると、ソースとアセンブリの対応が出力されます。

　たとえば、「gcc -S -g -o upper.txt upper.c」というコマンドラインで upper.c のアセンブリコードを upper.txt という名前のファイルに保存することができます。そして、IDE の場合と同様にこのファイルのアセンブリコードを検討することで同じ間違いを突き止めることができます。

3.5 その他のツール

ここでは、デバッグに便利なツールを紹介します。なお、ここで紹介しているツールの一部は特定の環境で最初からインストールされていない場合があります。その場合でも、ソースコードを入手してコンパイルすることで利用できます。

nm

nm は、オブジェクトファイルのシンボルを抽出して表示するコマンドです。

調べるオブジェクトファイルにはシンボル情報が含まれていなければならないので、コンパイル時に -g オプションを付けます。

実行例を次に示します。

```
>gcc -g -c upper.c
>nm upper.o
0000000000000000 b .bss
0000000000000000 d .data
0000000000000000 N .debug_abbrev
0000000000000000 N .debug_aranges
0000000000000000 N .debug_frame
0000000000000000 N .debug_info
0000000000000000 N .debug_line
0000000000000000 p .pdata
0000000000000000 r .rdata
0000000000000000 r .rdata$zzz
0000000000000000 t .text
0000000000000000 r .xdata
                 U __imp_islower
                 U __imp_toupper
                 U __main
0000000000000062 T main
```

```
                        U printf
0000000000000000 T str2upper
```

.soファイルの場合には「-D」オプションを付けることでダイナミックシンボル（実行時に動的にリンクされるシンボル）が表示できます。

objdump

objdumpはnmと同様に、オブジェクトファイルの情報を抽出して表示します。

調べるオブジェクトファイルにはシンボル情報が含まれていなければならないので、コンパイル時に -g オプションを付けます。

実行例を次に示します。

```
>objdump -g upper.o

upper.o:     file format pe-x86-64

upper.c:
typedef void void;
void __imp_islower /* 0x0 */;
void __imp_toupper /* 0x0 */;
```

ldd

lddコマンドは実行可能ファイルの依存ファイルの一覧を出力します。

実行例を次に示します。

```
$ ldd ./upper
        linux-vdso.so.1 =>  (0x00007ffde9b1c000)
```

```
            libc.so.6 => /lib/x86_64-linux-gnu/libc.so.6 (0x00007fb706f40000)
            /lib64/ld-linux-x86-64.so.2 (0x0000560fb38c4000)
```

strace

straceは、プログラムが使うシステムコールと受け取るシグナルを表示します。実行例を次に示します。

```
$ strace ./bmi 160 56
execve("./bmi", ["./bmi", "160", "56"], [/* 62 vars */]) = 0
brk(0)                                  = 0x199b000
access("/etc/ld.so.nohwcap", F_OK)      = -1 ENOENT (No such file or directory)
mmap(NULL, 8192, PROT_READ|PROT_WRITE, MAP_PRIVATE|MAP_ANONYMOUS, -1, 0) = 0x7f
3af8222000
access("/etc/ld.so.preload", R_OK)      = -1 ENOENT (No such file or directory)
open("/etc/ld.so.cache", O_RDONLY|O_CLOEXEC) = 3
fstat(3, {st_mode=S_IFREG|0644, st_size=85269, ...}) = 0
mmap(NULL, 85269, PROT_READ, MAP_PRIVATE, 3, 0) = 0x7f3af820d000
close(3)                                = 0
access("/etc/ld.so.nohwcap", F_OK)      = -1 ENOENT (No such file or directory)
open("/lib/x86_64-linux-gnu/libc.so.6", O_RDONLY|O_CLOEXEC) = 3
read(3, "\177ELF\2\1\1\3\0\0\0\0\0\0\0\0\3\0>\0\1\0\0\0`\v\2\0\0\0\0\0"..., 832
) = 832
fstat(3, {st_mode=S_IFREG|0755, st_size=1869392, ...}) = 0
mmap(NULL, 3972864, PROT_READ|PROT_EXEC, MAP_PRIVATE|MAP_DENYWRITE, 3, 0) = 0x7
f3af7c37000
mprotect(0x7f3af7df7000, 2097152, PROT_NONE) = 0
mmap(0x7f3af7ff7000, 24576, PROT_READ|PROT_WRITE, MAP_PRIVATE|MAP_FIXED|MAP_DEN
YWRITE, 3, 0x1c0000) = 0x7f3af7ff7000
mmap(0x7f3af7ffd000, 16128, PROT_READ|PROT_WRITE, MAP_PRIVATE|MAP_FIXED|MAP_ANO
NYMOUS, -1, 0) = 0x7f3af7ffd000
close(3)                                = 0
mmap(NULL, 4096, PROT_READ|PROT_WRITE, MAP_PRIVATE|MAP_ANONYMOUS, -1, 0) = 0x7f
3af820c000
```

```
mmap(NULL, 4096, PROT_READ|PROT_WRITE, MAP_PRIVATE|MAP_ANONYMOUS, -1, 0) = 0x7f
3af820b000
mmap(NULL, 4096, PROT_READ|PROT_WRITE, MAP_PRIVATE|MAP_ANONYMOUS, -1, 0) = 0x7f
3af820a000
arch_prctl(ARCH_SET_FS, 0x7f3af820b700) = 0
mprotect(0x7f3af7ff7000, 16384, PROT_READ) = 0
mprotect(0x600000, 4096, PROT_READ)       = 0
mprotect(0x7f3af8224000, 4096, PROT_READ) = 0
munmap(0x7f3af820d000, 85269)             = 0
fstat(1, {st_mode=S_IFCHR|0620, st_rdev=makedev(136, 18), ...}) = 0
mmap(NULL, 4096, PROT_READ|PROT_WRITE, MAP_PRIVATE|MAP_ANONYMOUS, -1, 0) = 0x7f
3af8221000
write(1, "BMI= 56.00\n", 11BMI= 56.00
)                       = 11
exit_group(0)                             = ?
+++ exited with 0 +++
```

hd

hd はファイルの内容を 16 進表示で出力するコマンドです。

ファイルの内容を 16 進数や 8 進数などで表示できるコマンドは、od、hexdump などほかにもありますが、hd は右側に ASCII 文字が表示されるので、データファイルなどを調べるときに特に便利です。

hd でファイルの内容を表示する例を次に示します。

```
$ hd upper.c
00000000  2f 2a 0d 0a 20 2a 20 75  70 70 65 72 2e 63 0d 0a  |/*.. * upper.c..|
00000010  20 2a 2f 0d 0a 23 69 6e  63 6c 75 64 65 20 3c 73  | */..#include <s|
00000020  74 64 69 6f 2e 68 3e 0d  0a 23 69 6e 63 6c 75 64  |tdio.h>..#includ|
00000030  65 20 3c 63 74 79 70 65  2e 68 3e 0d 0a 0d 0a 63  |e <ctype.h>....c|
00000040  68 61 72 20 2a 73 74 72  32 75 70 70 65 72 28 63  |har *str2upper(c|
00000050  68 61 72 20 2a 73 74 72  29 0d 0a 7b 0d 0a 20 20  |har *str)..{..  |
00000060  20 20 63 68 61 72 20 2a  70 3b 0d 0a 0d 0a 20 20  |  char *p;....  |
```

```
00000070  20 20 66 6f 72 20 28 70  20 3d 20 73 74 72 3b 20  |  for (p = str; |
00000080  70 21 3d 20 27 5c 30 27  3b 20 70 2b 2b 29 0d 0a  |p!= '\0'; p++)..|
                                  ⋮
```

cpp

C/C++ プリプロセッサです。プリプロセッサは、ソースプログラムの #define や #include などのディレクティブを展開してコンパイラがコンパイルできるように前処理します。この出力をたとえば、次のようにしてファイルなどに保存し、調べることができます。

```
>cpp -o hello.txt hello.cpp
```

ddd

ddd は Linux など UNIX ベースの環境で GUI で利用できるデバッガです。

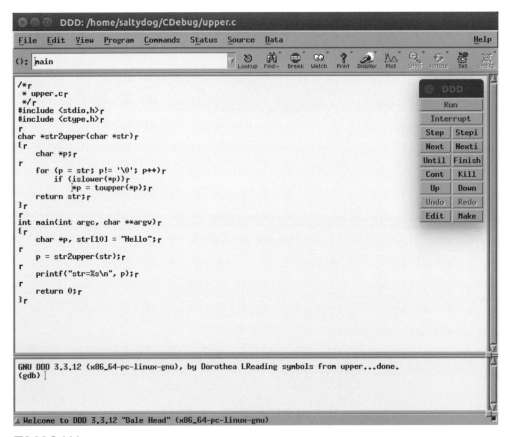

図3.11●ddd

　ddd の本質は gdb を GUI で利用できるようにした gdb のフロントエンドです。そのため、ddd の下部のコンソールウィンドウでは、gdb のコマンドを使うことができます。たとえば、上の図の状態で、下のコンソールウィンドウの「(gdb)」というプロンプトに対して「b　str2upper」(break str2upper) を入力すると、11 行目にブレークポイントが設定されます。以降の使い方は gdb とほぼ同じです。

ddd を使うことの利点は、視覚的情報が豊かなことです。たとえば、ddd にはデバッグ対象のソースコードが表示されます。また、gdb を使う場合はブレークポイントの位置は覚えておくか「info b」(info break)コマンドで調べて操作する必要がありますが、ddd ならブレークポイントの位置がウィンドウに表示されるので、目で見てブレークポイントの状態がわかります。

　ddd のコマンドラインオプションで、gdb 以外の他のデバッガを使うように指定することもできます。

3.6 デバッグのヒント

ここでは、デバッグする際に知っておくとよいことを説明します。

デバッグのコツ

デバッグとは、問題のあるプログラムの問題点を突き止めて修正することです。この作業がどんな状況に対しても簡単にすぐできるようになるコツというものはありません。

デバッグを成功させるために必要なことは、忍耐強く問題を調べることと、経験を積むことです。経験を積めば、より早く容易にデバッグができるようになります。

最も非効率的なのは、プログラムコードを詳細に理解しないで、修正してみてはコンパイルして実行してみる、ということを繰り返す方法です。デバッグの第一歩は、プログラムコードのそれぞれの行で何をやっているのか、ということを確実に理解することです。この理解なしに、やみくもにコードを直しては実行してみるという方法は時間の無駄です。他人が作ったプログラムや、書籍やWebサイトのサンプルプログラムなどをデバッグするときにも、プログラムを良く理解することが絶対に必要です。

どのようなデバッグツールを使っていても、デバッグするプログラムの詳細を理解していなければ、デバッグはできません。デバッグするプログラムを詳細に理解し、コードを追跡してデータを調べるという地道な方法をとることが、成功につながります。また、そうして経験を積むことで、効率的なデバッグの技術が身につきます。

データの問題

プログラムの実行結果が意図した通りにならない場合に、データに問題がある場合もあります。特に、テストデータでは問題なかったのに実際のデータでは問題が発生した場合や、大量のデータを扱うときには、この点に注意を払う必要があります。

たとえば、身長と体重の次のようなデータがあるとします。

```
178.2   63.45
156.3   64.5
168.5   56.32
177     63.45
1663    65.5
162.25  53.88
186     60.5
```

身長と体重の平均値を調べるプログラムがこのデータを読み込んで結果を出力すると、予期しない結果になります。このデータは 5 番目の身長のデータに小数点がないからです（身長が 1663cm ということはあり得ません。このデータは 166.3 であるべきです）。

このような問題を避けるためには、読み込んだデータをチェックするちょっとしたコードを追加するだけで済みます。

たとえば、成人の身長を扱うプログラムなら、次の短いコードを挿入しておくだけでデータの問題を検出することができます。

```
if (h < 90.0 || h > 210.0)
    printf("データエラー:%f\n", h);
```

実行環境の問題

C/C++ の処理系や実行環境はさまざまです。

すでに説明したように、int や long などデータ型のサイズが決まっていない、とか、いわゆる文字コード（エンコーディング）が統一されていない、などのために、ある環境ではまったく問題ないプログラムが、別の環境で実行すると問題が発生することがあります。

C/C++ のプログラムは、OS やウィンドウシステムのライブラリを使っていない場合、移植性が高い（他の環境でもそのまま、または、わずかな修正でコンパイルして実行で

きる）といえます。しかし、コンパイルできたからといって、プログラムが全く問題なく動くということではありません。

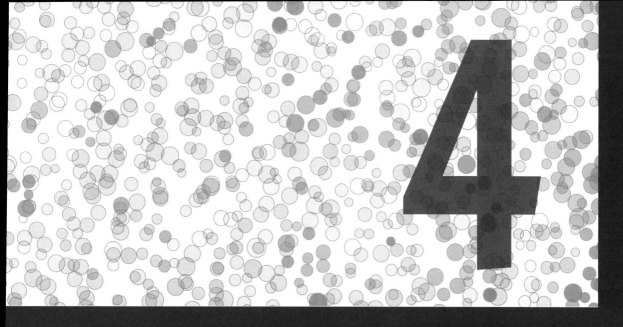

実践デバッグ

ここでは比較的小規模なプログラムを作成して、デバッグする方法を具体的に解説します。

4.1 16進ダンププログラム

ここでは、ファイルの内容を16進数で表示する16進ダンププログラムをC言語で作成してデバッグする例を示します。

プログラムの概要

ここで作るプログラムは、ファイルの内容を、次に示すように16進数とASCII文字で出力します。

```
>hdump test.data
EF BB BF 74 65 73 74 2E 64 61 74 61 0D 0A 73 61 - ...test.data..sa
6D 70 6C 65 20 74 65 78 74 2E 0D 0A E6 BC A2 E5 - mple text.......
AD 97 E3 81 8B E3 81 AA E4 BA A4 E3 81 98 E3 82 - ................
8A E3 80 82 0D 0A 6B 6F 6B 6F 6D 61 64 65 64 65 - ......kokomadede
73 75 2E 0D 0A 0D 0A                            - su.....
```

行の左側には16バイト分のデータが16進数で表示されます。

行の右側には16バイト分のデータのうちASCII文字で表示できるものは文字が出力されます。表示できないデータ（たとえば、改行の0aや復帰の0d）の場合はピリオド（.）が出力されます。

例に示したファイルtest.dataはBOM（Byte Order Mark）付きUTF-8なので、先頭の3バイトがBOMであることを示すバイト（EF BB BF）であることがわかります。

最初のプログラム

このプログラムは、ファイルを開いてその内容を出力します。ファイルの内容を 16 進数と ASCII 文字で出力する関数を hdump() とすると、関数 main() は次のようなプログラムになるでしょう。

```c
int main(int argc, char **argv)
{
    FILE *fp;

    // ファイルを開く
    fp = fopen(argv[1], "rb");

    // 16進数で表示する
    hdump(fp);

    // ファイルを閉じる
    fclose(fp);

    return 0;
}
```

関数 hdump() では、fgetc() でファイルの内容を 1 バイトずつ読み込みます。

```c
while (1) {
    c = fgetc(fp);
}
```

そして、16 進数で表示するデータを文字の配列 sdump[] に保存し、ASCII 文字で表示するデータを文字の配列 ascii[] に保存することにします。

図4.1●hdumpのデータの保存方法

　バイトcの値から16進数2桁と空白の文字列への変換を、あとで作成する関数`char2hex()`を使って行うことにすれば、16進数で表示するデータを配列`sdump[]`に保存するには次のようにすれば良いでしょう。

```
strcat(sdump, char2hex(c));
```

　一方、ASCII文字で表示するデータを配列`ascii[]`に保存するには、`isprint()`で表示可能な文字かどうか調べて、表示可能ならその文字を`ascii[]`に保存し、そうでなければピリオド文字`'.'`を`ascii[]`に保存します。

```
if (isprint(c))
    ascii[count] = c;
else
    ascii[count] = '.';
count += 1;
ascii[count] = 0;     // 文字列の最後のNULL
```

　16バイト読み込んだか、あるいは、ファイルの終端に達したら(cの値がEOFになったら)、`sdump`と`ascii`を出力します。

```
printf("%s- %s\n", sdump, ascii);
```

　このとき、16バイトに満たないでファイルの終端に達したら、`sdump`の長さを16バイト分の長さ（1バイトのデータは3文字分のデータに変換するので3 × 16 = 48文字分）に調整しなければなりません。その作業は後で作る`setLength()`という関数で行うことにします。長さを調整したら、`sdump`と`ascii`を出力します。

```c
    if (count == 16 || c == EOF) {
        if (strlen(sdump) < 3 * 16)
            setLength(sdump);
        printf("%s- %s", sdump, ascii);
        count = 0;
        sdump[0] = 0;
        ascii[0] = 0;
    }
```

ファイルを読み込んで16進ダンプを出力する関数 `hdump()` は次のようになります。

```c
/*
 *  ファイルを読み込んで16進ダンプを出力する関数
 */
int hdump(FILE *fp){

    int c;
    char sdump[3*16+1];
    char ascii[17];
    int count = 0;

    sdump[0] = 0;
    ascii[0] = 0;
    while (1) {
        c = fgetc(fp);
        strcat(sdump, char2hex(c));
        if (isprint(c))
            ascii[count] = c;
        else
            ascii[count] = '.';
        count += 1;
        ascii[count] = 0;
        if (count == 16 || c == EOF) {
            if (strlen(sdump) < 3 * 16)
                setLength(sdump);
            printf("%s- %s", sdump, ascii);
```

```
            count = 0;
            sdump[0] = 0;
            ascii[0] = 0;
        }
    }

    return 0;
};
```

あとで作成することにした、文字を16進数表示の文字列に変換する関数 char-2hex() は、次のように作ります。

```
/*
 *   文字を16進表記の文字列に変換する関数
 */
char *char2hex(int c)
{
    static char str[8];

    sprintf(str, "%02x ", c);
    return str;
}
```

この関数では、1バイトのデータを2桁の16進数と空白文字からなる文字列にしています。

もうひとつの後で作ることにした sdump の長さを16バイト分の長さに調整する setLength() は次のように作りましょう。

```
/*
 *   文字列の長さを3×16に調整する関数
 */
char *setLength(char *str) {

    int i, l;
```

```
        if ((l = strlen(str)) < 3 * 16){
            for (i = l; l < 3 * 16; i++)
                str[i] = ' ';
        }
        str[3*16] = 0;
        return str;
    }
```

1バイトのデータを2桁の16進数と空白文字からなる文字列にすることにしたので、1行の sdump の文字列の長さは3*16にしなければなりません。

必要なヘッダーファイルの include 文を含むプログラム全体は次のようになります。

リスト4.1●hdump.c（デバッグ前）

```c
/*
 * hdump.c
 */
#include <stdio.h>
#include <stdlib.h>
#include <string.h>
#include <ctype.h>

/*
 *  文字を16進表記の文字列に変換する関数
 */
char *char2hex(int c)
{
    static char str[8];

    sprintf(str, "%02x ", c);
    return str;
}

/*
```

```c
 *  文字列の長さを3×16に調整する関数
 */
char *setLength(char *str) {

    int i, l;

    if ((l = strlen(str)) < 3 * 16){
        for (i = l; l < 3 * 16; i++)
            str[i] = ' ';
    }
    str[3*16] = 0;
    return str;
}

/*
 *  ファイルを読み込んで16進ダンプを出力する関数
 */
int hdump(FILE *fp){

    int c;
    char sdump[3*16+1];
    char ascii[17];
    int count = 0;

    sdump[0] = 0;
    ascii[0] = 0;
    while (1) {
        c = fgetc(fp);
        strcat(sdump, char2hex(c));
        if (isprint(c))
            ascii[count] = c;
        else
            ascii[count] = '.';
        count += 1;
        ascii[count] = 0;
        if (count == 16 || c == EOF) {
            if (strlen(sdump) < 3 * 16
```

```
                setLength(sdump);
            printf("%s- %s", sdump, ascii);
            count = 0;
            sdump[0] = 0;
            ascii[0] = 0;
        }
    }

    return 0;
};
int main(int argc, char **argv)
{
    FILE *fp;

    // ファイルを開く
    fp = fopen(argv[1], "rb");

    hdump(fp);

    fclose(fp);

    return 0;
}
```

このプログラムをコンパイルします。

```
>gcc -o hdump hdump.c
```

コンパイルは成功し、エラーは報告されません。しかし、（デバッグの練習用のプログラムなので）このプログラムにはもちろん間違いが含まれています。

問題点の把握とデバッグ

プログラムを実行してみます。その結果は OS によって挙動が異なります。

Linux のような core が生成される環境なら、「Segmentation fault」というメッセージを出力して終了するでしょう。その場合、デバッグ情報を含むようにコンパイルしなおして再実行し、core ファイルを読み込みます。

```
$ ulimit -c unlimited
$ gcc -g -o hdump hdump.c
$ ./hdumptest.data
Segmentation fault
$ gdb -c core ./hdump
GNU gdb (Ubuntu 7.10-1ubuntu2) 7.10
Copyright (C) 2015 Free Software Foundation, Inc.
License GPLv3+: GNU GPL version 3 or later <http://gnu.org/licenses/gpl.html>
This is free software: you are free to change and redistribute it.
There is NO WARRANTY, to the extent permitted by law.  Type "show copying"
and "show warranty" for details.
This GDB was configured as "x86_64-linux-gnu".
Type "show configuration" for configuration details.
For bug reporting instructions, please see:
<http://www.gnu.org/software/gdb/bugs/>.
Find the GDB manual and other documentation resources online at:
<http://www.gnu.org/software/gdb/documentation/>.
For help, type "help".
Type "apropos word" to search for commands related to "word"...
Reading symbols from ./hdump...done.
[New LWP 1808]
Core was generated by `                    '.
Program terminated with signal SIGSEGV, Segmentation fault.
#0  0x00000000004007b7 in setLength (
    str=0x7ffc87bd5a30 "73 75 2e 0d 0a 0d 0a ffffffff", ' ' <repeats 171 times
>...) at hdump.c:29
```

```
warning: Source file is more recent than executable.
29              str[i] = ' ';
```

すると、`setLength()` でクラッシュしたことを示す上のようなメッセージが出力されるでしょう（メッセージの最後のほうを良く見てください）。これはデバッグする際に大きな一つのヒントになる可能性があります。

Windowsでは、次のように出力されてデバッグするかどうか確認するダイアログが表示されます。

```
>hdump test.data
ef bb bf 74 65 73 74 2e 64 61 74 61 0d 0a 73 61 - ...test.data..sa6d 70 6c 65
20 74 65 78 74 2e 0d 0a e6 bc a2 e5 - mple text.......ad 97 e3 81 8b e3 81 aa
e4 ba a4 e3 81 98 e3 82 - ................8a e3 80 82 0d 0a 6b 6f 6b 6f 6d 61
64 65 64 65 - ......kokomadede
```

このときデバッグすることを選択して、システムに Visual Studio のような IDE がインストールされていれば、問題が発生したアセンブラのコードが表示されます。しかし、アセンブラについて解説するのは本書の範囲を超えるので、ここではデバッグするかどうか確認するダイアログに対して［プログラムの終了］ボタンをクリックしてプログラムを終了してください。

WindowsでVisual StudioのようなIDEの中でプログラムを実行した場合は、上の例と同じように出力されてから、例外発生を知らせるダイアログが表示されます。

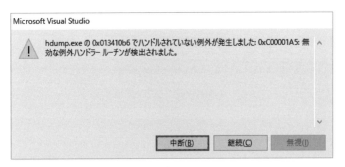

図4.2●例外のダイアログ

　これで例外が発生したということと、そのアセンブラ命令のアドレスがわかりますが、ここではアセンブラについては扱わないので［中断］ボタンをクリックしてから、［デバッグ］ー［デバッグの停止］を選択します。
　coreファイルが生成される環境であればsetLength()の周辺に問題の原因があることがわかり、一方、Windowsではとにかく16進数とASCII文字の情報が出力されていることがわかります。
　この状態のときにすべきことは、デバッガを起動することではなく、ソースプログラムを良く再検討することです。

デバッガやIDEのデバッグ機能はデバッグの際に役立つ強力なツールですが、デバッグするためにデバッガやIDEのデバッグ機能だけに最初から頼るのは間違いです。

　コンパイルはできて、結果はともかく、実行することもできるので、最初の一連のインクルード文「#include <...>」には問題がないと判断してよいでしょう。

次に main() を見ます。

```c
int main(int argc, char **argv)
{
    FILE *fp;

    // ファイルを開く
    fp = fopen(argv[1], "rb");

    // 16進数で表示する
    hdump(fp);

    // ファイルを閉じる
    fclose(fp);

    return 0;
}
```

ここには（いまのところ）異常終了するような問題点は見当たりません（実は問題点はありますが、それについては後で検討します）。

次に、ファイルを読み込んで 16 進ダンプを出力する関数 hdump() を良く見てみます。

```c
int hdump(FILE *fp){

    int c;
    char sdump[3*16+1];
    char ascii[17];
    int count = 0;

    sdump[0] = 0;
    ascii[0] = 0;
    while (1) {
        c = fgetc(fp);
        strcat(sdump, char2hex(c));
```

```
            if (isprint(c))
                ascii[count] = c;
            else
                ascii[count] = '.';
            count += 1;
            ascii[count] = 0;
            if (count == 16 || c == EOF) {
                if (strlen(sdump) < 3 * 16)
                    setLength(sdump);
                printf("%s- %s", sdump, ascii);
                count = 0;
                sdump[0] = 0;
                ascii[0] = 0;
            }
        }

        return 0;
    };
```

ここで、while文を見てみましょう。これは「c = fgetc(fp)」で1文字読み込んではそれを表示するために適切に処理することを繰り返すループですが、良く見てみると無限ループになっています。

```
    while (1) {
        c = fgetc(fp);
            ⋮
        if (count == 16 || c == EOF) {
            if (strlen(sdump) < 3 * 16)
                setLength(sdump);
            printf("%s- %s", sdump, ascii);   // 出力
            count = 0;
            sdump[0] = 0;
            ascii[0] = 0;
        }
    }
```

countが16になるか、あるいは、cの値がEOFになると情報が出力されますが、cの値がEOFになってもループは終了しません。これは大きな問題です。このような無限ループにはソースコードを見ただけで気付くようになるべきです。

cの値がEOFになったらループから抜け出るようにする必要があります。

```c
while (1) {
    c = fgetc(fp);
        ⋮
    if (count == 16 || c == EOF) {
        if (strlen(sdump) < 3 * 16)
            setLength(sdump);
        printf("%s- %s", sdump, ascii);
        count = 0;
        sdump[0] = 0;
        ascii[0] = 0;
        if (c == EOF)    // この行と
            break;       // この行を追加
    }
}
```

次に文字列の長さを 3×16 に調整する関数 setLength() を見てみましょう。

```c
char *setLength(char *str) {

    int i, l;

    if ((l = strlen(str)) < 3 * 16){
        for (i = l; l < 3 * 16; i++)
            str[i] = ' ';
    }
    str[3*16] = 0;
    return str;
}
```

見たところ、問題がないように見えます（実際には問題がありますが、気づかないことにします）。

さらに、文字を 16 進表記の文字列に変換する関数 char2hex() も見ます。

```
char *char2hex(int c)
{
    static char str[8];

    sprintf(str, "%02x ", c);
    return str;
}
```

ここでも、c の値が EOF になった場合のことを考えていないことに気付くべきです。たとえば、次のようにすれば良さそうです。

```
char *char2hex(int c)
{
    static char str[8];

    if (c == EOF)
        return "   ";

    sprintf(str, "%02x ", c);
    return str;
}
```

ここまで修正したら、プログラムをコンパイルして実行してみます。

その結果は、残念ながら前と同じ状況になるはずです。

Windows であれば、情報がそれなりに出力されていることと、ほかに怪しい部分がないことから、あるいは、core ファイルを調べた場合は setLength() で問題が発生したという情報から、文字列の長さを 3 × 16 に調整する関数 setLength() に問題がありそうです。

```
    char *setLength(char *str) {

        int i, l;

        if ((l = strlen(str)) < 3 * 16){
            for (i = l; l < 3 * 16; i++)
                str[i] = ' ';
        }
        str[3*16] = 0;
        return str;
    }
```

デバッグ情報を付けるようにオプション -g を指定して再コンパイルし、gdb で setLength() にブレークポイントを設定して、プログラムを追跡してみます。

プログラムの追跡の方法は、3.3 節「デバッガを使ったデバッグ」の「gdb の使い方」を見てください。なお、display コマンドを使うとプログラムが停止するたびに変数の値を表示するように設定することができます。付録 A「gdb のコマンド」の display コマンドの説明を参照してください。

ここで監視すべき変数は i と l です。i と l の値を調べながらコードを追跡すると、次のことがわかります。

- l の値が 48（3 × 16）のときは for ループが実行されない。
- l の値が 48（3 × 16）より小さいときは for ループが終了しない。

このことから、for ループの終了条件に問題がありそうです。

```
  for (i = l; l < 3 * 16; i++)
```

このコードは、l の値が 48（3 × 16）より小さいときにはループしますが、よく考

えてみてください。lの値は変化しません。変化するのはiの値です。

ですから、ここは次のように修正するべきです。

```
for (i = 1; i < 3 * 16; i++)    // 終了条件のlをiにする
```

これを修正して再コンパイルして実行してみます。

```
>hdump test.data
ef bb bf 74 65 73 74 2e 64 61 74 61 0d 0a 73 61 - ...test.data..sa6d 70 6c 65
20 74 65 78 74 2e 0d 0a e6 bc a2 e5 - mple text......ad 97 e3 81 8b e3 81 aa
e4 ba a4 e3 81 98 e3 82 - ................8a e3 80 82 0d 0a 6b 6f 6b 6f 6d 61
64 65 64 65 - ......kokomadede73 75 2e 0d 0a 0d 0a
- su......
```

こんどは異常終了しなくなりました。しかし、表示がおかしいです。良く見ると、改行すべきところで改行していません。

ソースプログラムの情報を出力している部分を見てみます。

```
int hdump(FILE *fp){
    ⋮
    while (1) {
        c = fgetc(fp);
            ⋮
        if (count == 16 || c == EOF) {
            ⋮
            printf("%s- %s", sdump, ascii);
            ⋮
            if (c == EOF)
                break;
        }
    }
    return 0;
};
```

printf() に改行のコードが入っていません。

```
printf("%s- %s", sdump, ascii);
```

次のように修正します。

```
printf("%s- %s\n", sdump, ascii);
```

プログラムを修正して再コンパイルし、実行してみます。

```
>hdump test.data
ef bb bf 74 65 73 74 2e 64 61 74 61 0d 0a 73 61 - ...test.data..sa
6d 70 6c 65 20 74 65 78 74 2e 0d 0a e6 bc a2 e5 - mple text.......
ad 97 e3 81 8b e3 81 aa e4 ba a4 e3 81 98 e3 82 - ................
8a e3 80 82 0d 0a 6b 6f 6b 6f 6d 61 64 65 64 65 - ......kokomadede
73 75 2e 0d 0a 0d 0a                            - su......
```

これで良さそうです。

しかし、これで良さそうと思っても、さまざまな条件で実行してみるべきです。

たとえば、ファイルを指定しないで実行したり、存在しないファイルを指定して実行してみます。すると、main() に次のようなコードを追加しなければならないことに気付くはずです。

```
int main(int argc, char **argv)
{
    FILE *fp;

    // 引数が指定されていない場合の問題を扱う
    if (argc < 2) {
        puts("引数にファイル名を指定してください。");
        puts("使い方：hdump file");
        return (-1);
```

```
        }

        // ファイルを開く
        if ((fp = fopen(argv[1], "rb")) == NULL) {
            printf("ファイル%sを開けません。",argv[1]);
            printf("errorno=%d\n", errno);
            perror( "perror says open failed" );
            return (-1);
        }
```

完成したプログラム

　ひととおりデバッグを終えたプログラムは次のようになります。マーカーでデバッグ前のコードと違う部分をマークしてみると、違いがよくわかるでしょう。

リスト4.2●hdump.c（デバッグ後）

```c
/*
 * hdump.c
 */
#include <stdio.h>
#include <stdlib.h>
#include <string.h>
#include <ctype.h>

/*
 *   文字を16進表記の文字列に変換する関数
 */
char *char2hex(int c)
{
    static char str[8];

    if (c == EOF)
        return "   ";
```

```c
        sprintf(str, "%02X ", c);
        return str;
}

/*
 *  文字列の長さを3×16に調整する関数
 */
char *setLength(char *str) {

    int i, l;

    if ((l = strlen(str)) < 3 * 16){
        for (i = l; i < 3 * 16; i++)
            str[i] = ' ';
    }
    str[3*16] = 0;
    return str;
}

/*
 *  ファイルを読み込んで16進ダンプを出力する関数
 */
int hdump(FILE *fp){

    int c;
    char sdump[3*16+1];
    char ascii[17];
    int count = 0;

    sdump[0] = 0;
    ascii[0] = 0;
    while (1) {
        c = fgetc(fp);
        strcat(sdump, char2hex(c));
        if (isprint(c))
            ascii[count] = c;
        else
```

```c
                ascii[count] = '.';
            count += 1;
            ascii[count] = 0;
            if (count == 16 || c == EOF) {
                if (strlen(sdump) < 3 * 16)
                    setLength(sdump);
                printf("%s- %s\n", sdump, ascii);
                count = 0;
                sdump[0] = 0;
                ascii[0] = 0;
                if (c == EOF)
                    break;
            }
        }
    
    return 0;
};

int main(int argc, char **argv)
{
    FILE *fp;

    // 引数が指定されていない場合の問題を扱う
    if (argc < 2) {
        puts("引数にファイル名を指定してください。");
        puts("使い方：hdump file");
        return (-1);
    }

    // ファイルを開く
    if ((fp = fopen(argv[1], "rb")) == NULL) {
        printf("ファイル%sを開けません。",argv[1]);
        printf("errorno=%d\n", errno);
        perror( "perror says open failed" );
        return (-1);
    }
```

```
    // 16進数で表示する
    hdump(fp);

    // ファイルを閉じる
    fclose(fp);

    return 0;
}
```

4.2 名簿

ここでは、C++のクラスを使った名簿プログラムを作成してデバッグする例を示します。

プログラムの概要

ここで作成する名簿は、名前と電子メール（E-Mail）アドレス（以下、Eメール）だけを保存するものです（情報を容易に追加できるように作りますので、読者はさらに情報を保存できるようにクラスのメンバーを追加してみるとよいでしょう）。

プログラムは、次の表に示すコマンドで操作します。

表4.1●meiboのコマンド

コマンド	意味
regist	データを登録する
disp	データのリストを表示する
find	データを検索する
load	データをファイルから読み込む
save	データをファイルに保存する
quit	プログラムを終了する

コマンドのプロンプトは次のように表示します。

```
regist, disp, find, load, save, quit
=>
```

それに対して、たとえば、regist コマンドでデータを登録するときには次のようにします。

```
=>regist
Name:Hanako
E-Mail:hanahana@yahoo.ca.jp
```

次の例は、データファイルにすでに2件のデータが保存されている状態でHanakoという新しいデータを追加して保存し、Pochiを検索するときの実行例です。

```
>meibo
regist, disp, find, load, save, quit
=>load
regist, disp, find, load, save, quit
=>disp
Pochi:pochi@email.cam
Kenta:kenta@fmail.co.jp
regist, disp, find, load, save, quit
=>regist
Name:Hanako
E-Mail:hanahana@yahoo.ca.jp
regist, disp, find, load, save, quit
=>disp
Pochi:pochi@email.cam
Kenta:kenta@fmail.co.jp
Hanako:hanahana@yahoo.ca.jp
regist, disp, find, load, save, quit
=>save
regist, disp, find, load, save, quit
=>find
Name:Pochi
Pochi:pochi@email.cam
regist, disp, find, load, save, quit
=>quit
```

最初のプログラム

プログラムには、まず登録するメンバーのクラスを定義します。クラスのメンバーは名前とEメールです。

```
class Member {
    string _name;
    string _email;
}
```

public メンバーとしてまず必要なのはコンストラクタです。デストラクタも定義しておきます。

```
// コンストラクタ
Member() {}
Member(string name, string email) {
    _name = name;
    _email = _email;
}

// デストラクタ
~Member() {};
```

また、クラスのメンバーの値を取得するアクセサメソッドも定義します。

```
const string getName(){
    return _name;
}
const string getEmail(){
    return _email;
}
```

出力用に演算子 << も定義しておきます。

```
friend ostream& operator<<(ostream& os, Member & m);
```

演算子の実体は次のように定義します。これは、1 件の情報を（名前）:（E メール）の形式で出力ストリーム os に出力します。

```
ostream& operator<<(ostream& os, Member & m)
{
    os << m.getName().c_str() << ':' << m.getEmail().c_str();
    return os;
}
```

クラスの定義は次のようになりました。

```
class Member {
    string _name;
    string _email;
public:
    Member() {}
    Member(string name, string email) {
        _name = name;
        _email = _email;
    }
    ~Member() {};

    const string getName(){
        return _name;
    }
    const string getEmail(){
        return _email;
    }

    friend ostream& operator<<(ostream& os, Member & m);
};
```

```
ostream& operator<<(ostream& os, Member & m)
{
    os << m.getName().c_str() << ':' << m.getEmail().c_str();
    return os;
}
```

このクラスの要素をSTLコンテナvectorに保存することにします。

```
vector <Member> member;
```

`main()`はコマンドを表示した後でそれぞれのコマンドごとに関数を呼び出すことにして、次のように作ります。

```
int main()
{
    string command;

    while (1) {
        // コマンドを表示する
        cout << "regist, disp, find, load, save, quit" << endl << "=>";
        cin >> command;
        if (command.compare("regist") == 0)
            regist();
        if (command.compare("disp")==0)
            disp();
        if (command.compare("find")==0)
            find();
        if (command.compare("load")==0)
            load();
        if (command.compare("save")==0)
            save();
        if (command.compare("quit")==0)
            break;
    }
```

```
    return 0;
}
```

　情報を登録する regist コマンドでは、ユーザーが名前と E メールを入力すると、その情報から Member のインスタンスを作成して、member に保存することにします。

```
// 登録する
int regist()
{
    string name, email;
    cout << "Name:";
    cin >> name;
    cout << "E-Mail:";
    cin >> email;

    Member m(name, email);
    member.push_back(m);

    return member.size();
}
```

　演算子 << を定義してあるので、member に保存されているデータを表示するのは簡単です。

```
// リスト形式で表示する
void disp()
{
    for (int i = 0; i < (int)member.size(); i++)
        cout << member[i] << endl;
}
```

データを検索する find コマンドでは、最初にユーザーが名前を入力し、その名前と一致する最初の要素を表示するようにします。

```cpp
void find()
{
    string name;
    cout << "Name:";
    cin >> name;
    int pos = -1;
    for (int i=0; i < (int)member.size(); i++)
    {
        if (member[i].getName().compare(name) ==0)
        {
            pos = i;
            break;
        }
    }
    if (pos == -1)
        cout << "Not find!" << endl;
    else
        cout << member[pos] << endl;
}
```

ファイルに保存されているデータを読み込んで member に保存するには、名前と E メールのデータを読み込んでは Member のインスタンスを作成して member に追加することを繰り返します。

```cpp
int load()
{
    ifstream fs;
    fs.open(FILENAME);

    while(!fs.eof())
    {
        string name, email;
```

```
            fs >> name;
            fs >> email;
            if (name.length() > 1 && email.length() > 1)
            {
                Member m(name, email);
                member.push_back(m);
            }
        }

        fs.close();
        return member.size();
    }
```

名前やEメールの長さが1以下のデータは扱わないようにしている点に注目してください。こうしておくことで、データに問題があっても対処できます。

現在memberに保存されているデータをファイルに保存するには、ofstreamを作成して<<で要素を次々に保存します。

```
    void save()
    {
        ofstream fs;
        fs.open(FILENAME);

        for (int i=0; i < (int)member.size(); i++)
        {
            fs << member[i].getName();
            fs << member[i].getEmail();
        }
        fs.close();
    }
```

プログラム全体は次のようになりました。

リスト4.3●meibo.cpp（デバッグ前）

```cpp
//
// meibo.cpp
//
#include <iostream>
#include <fstream>
#include <vector>
#include <string>

using namespace std;

#define FILENAME "meibo.dat"

class Member {
    string _name;
    string _email;
public:
    Member() {}
    Member(string name, string email) {
        _name = name;
        _email = _email;
    }
    ~Member() {};

    const string getName(){
        return _name;
    }
    const string getEmail(){
        return _email;
    }

    friend ostream& operator<<(ostream& os, Member & m);
};
```

```cpp
ostream& operator<<(ostream& os, Member & m)
{
    os << m.getName().c_str() << ':' << m.getEmail().c_str();
    return os;
}

vector <Member> member;

// 登録する
int regist()
{
    string name, email;
    cout << "Name:";
    cin >> name;
    cout << "E-Mail:";
    cin >> email;

    Member m(name, email);
    member.push_back(m);

    return member.size();
}

// リスト形式で表示する
void disp()
{
    for (int i = 0; i < (int)member.size(); i++)
        cout << member[i] << endl;
}

void find()
{
    string name;
    cout << "Name:";
    cin >> name;
    int pos = -1;
```

```cpp
        for (int i=0; i < (int)member.size(); i++)
        {
            if (member[i].getName().compare(name) ==0)
            {
                pos = i;
                break;
            }
        }
        if (pos == -1)
            cout << "Not find!" << endl;
        else
            cout << member[pos] << endl;
}

int load()
{
    ifstream fs;
    fs.open(FILENAME);

    while(!fs.eof())
    {
        string name, email;
        fs >> name;
        fs >> email;
        if (name.length() > 1 && email.length() > 1)
        {
            Member m(name, email);
            member.push_back(m);
        }
    }

    fs.close();
    return member.size();
}

void save()
{
```

```cpp
    ofstream fs;
    fs.open(FILENAME);
    if (!fs.is_open())
    {
        cout << FILENAME << "を開けません。" << endl;
        return;
    }

    for (int i=0; i < (int)member.size(); i++)
    {
        fs << member[i].getName();
        fs << member[i].getEmail();
    }
    fs.close();
}

int main()
{
    string command;

    while (1) {
        // コマンドを表示する
        cout << "regist, disp, find, load, save, quit" << endl << "=>";
        cin >> command;
        if (command.compare("regist") == 0)
            regist();
        if (command.compare("disp")==0)
            disp();
        if (command.compare("find")==0)
            find();
        if (command.compare("load")==0)
            load();
        if (command.compare("save")==0)
            save();
        if (command.compare("quit")==0)
            break;
    }
```

```
    return 0;
}
```

問題点の把握とデバッグ

作成したプログラムは問題なくコンパイルできるので、コンパイルして実行してみましょう。

プログラムを起動するとプロンプトが表示されるので、regist コマンドでデータを登録してみます。

```
regist, disp, find, load, save, quit
=>regist
Name:Pochi
E-Mail:pochi@nantoka.com
regist, disp, find, load, save, quit
=>
```

そして、いま登録したデータを disp コマンドで表示してみましょう。

```
regist, disp, find, load, save, quit
=>disp
Pochi:
regist, disp, find, load, save, quit
=>
```

名前は表示されますが、E メールが表示されません。

データを登録する関数 regist() の Member のインスタンスを作成しているところ

にブレークポイントを設定して、変数 m の内容を追跡してみます。

```
// 登録する
int regist()
{
    string name, email;
    cout << "Name:";
    cin >> name;
    cout << "E-Mail:";
    cin >> email;

    Member m(name, email);    // ここにブレークポイント
    member.push_back(m);

    return member.size();
}
```

そしてステップ実行して、次の行（`member.push_back(m);`）のときの m の値を調べてみます。

次の図は Visual Studio で変数を見ている例ですが、gdb で同じことをしてもかまいません。

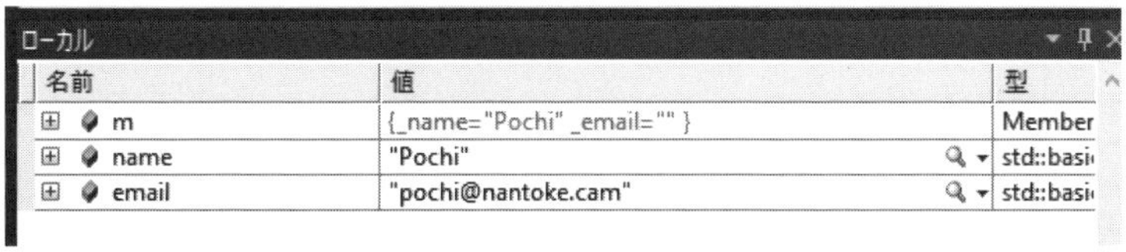

図4.3●ローカル変数のウィンドウ

さらに変数を追跡すると、{_name="Pochi" _email=""} となっていて、_email にデータが保存されていないことがわかります。

クラスの定義を見てみます。

```
class Member {
    string _name;
    string _email;
public:
    Member() {}
    Member(string name, string email) {
        _name = name;
        _email = _email;
    }
```

コンストラクタの2行目（_email = _email;）は明らかに間違いです。次のように修正すべきです。

```
Member(string name, string email) {
    _name = name;
    _email = email;    // 右辺は_emailではない
}
```

これで再コンパイルして実行し、再びデータを登録して表示してみます。すると正しく登録できることがわかります。

```
regist, disp, find, load, save, quit
=>regist
Name:Pochi
E-Mail:pochi@nantoka.com
regist, disp, find, load, save, quit
=>disp
Pochi: pochi@nantoka.com
```

次に、Pochiのデータが登録されている状態でfindコマンドを実行してみます。すると、問題なく検索できます。ついでに、プログラムを再起動してPochiのデータが登録

されていない状態でも find コマンドを実行してみます。

```
regist, disp, find, load, save, quit
=>find
Name:Pochi
Not find!
```

「Not find!」と表示されて、データがない場合でも問題なく動作することを確認できます。

この状態で load コマンドを実行してみます（この時点ではデータファイルは存在していません）。すると、無限ループに嵌まってしまうはずです。

load コマンドの関数 load() を見てみましょう。

```
int load()
{
    ifstream fs;
    fs.open(FILENAME);

    while(!fs.eof())
    {
        string name, email;
        fs >> name;
        fs >> email;
        if (name.length() > 1 && email.length() > 1)
        {
            Member m(name, email);
            member.push_back(m);
        }
    }

    fs.close();
    return member.size();
}
```

ファイルが存在しない場合のことを考えてないことがわかります。

```
int load()
{
    ifstream fs;
    fs.open(FILENAME);

    // ファイルが存在しない場合の処理
    if (!fs.is_open())
    {
        cout << FILENAME << "を開けません。" << endl;
        return 0;
    }

    member.clear();   // コンテナを空にする

    while(!fs.eof())
    {
        string name, email;
            ⋮
```

また、ここではコンテナを空にするコード（`member.clear();`）を追加しました。これを行わないと、loadを複数回実行すると、そのたびに既存のデータが重複して追加されてしまいます。

ついでに、データを保存する関数`save()`にも、データファイルが存在しない場合の処理を追加しておきましょう。

```
void save()
{
    ofstream fs;
    fs.open(FILENAME);

    // ファイルが存在しない場合の処理
    if (!fs.is_open())
```

```
        {
            cout << FILENAME << "を開けません。" << endl;
            return;
        }

        for (int i=0; i < (int)member.size(); i++)
        {
            fs << member[i].getName();
            fs << member[i].getEmail();
        }
        fs.close();
    }
```

さらに、データを登録して保存してから、開いて(ロードして)みます。すると、情報が表示されないはずです。

そこで、データファイルをエディタで開いてみてみます。すると、データがひとつの文字列になって保存されていることがわかります。

データ保存かデータ読み込みのどこかに問題があると考えてコードを良く見てみます。

データを読み込むコードは次のようにしました。

```
    int load()
    {
        ⋮
        while(!fs.eof())
        {
            string name, email;
            fs >> name;
            fs >> email;
```

一方、データを読み込むコードは次のようになっています。

```
    for (int i=0; i < (int)member.size(); i++)
    {
```

```
        fs << member[i].getName();
        fs << member[i].getEmail();
    }
```

データを出力するコードがデータを読み込むコードに対応するようにするには、データ文字列を出力するたびに改行も出力しなければなりません（データファイルをhdumpなどで見てみるとデータの区切りの改行がないことがわかります）。

つまり、データ保存のコードは次のようにする必要があります。

```
    for (int i=0; i < (int)member.size(); i++)
    {
        fs << member[i].getName() << endl;
        fs << member[i].getEmail() << endl;
    }
```

なお、データを保存する関数は、データがない時には何もしないでリターンするべきです。次のコードも追加しましょう。

```
    void save()
    {
        // データがない時はリターンする
        if (member.size() < 1)
            return ;
```

同じことはデータを検索する関数にも当てはまります。

```
    void find()
    {
        // データがない時はリターンする
        if (member.size() < 1)
            return;
```

完成したプログラム

一通りデバッグを終えたプログラムは次のようになります。

リスト4.4●meibo.cpp（デバッグ後）

```cpp
//
// meibo.cpp
//
#include <iostream>
#include <fstream>
#include <vector>
#include <string>

using namespace std;

#define FILENAME "meibo.dat"

class Member {
    string _name;
    string _email;
public:
    Member() {}
    Member(string name, string email) {
        _name = name;
        _email = email;
    }
    ~Member() {};

    const string getName(){
        return _name;
    }
    const string getEmail(){
        return _email;
    }
```

```cpp
        friend ostream& operator<<(ostream& os, Member & m);
};

ostream& operator<<(ostream& os, Member & m)
{
    os << m.getName().c_str() << ':' << m.getEmail().c_str();
    return os;
}

vector <Member> member;

// 登録する
int regist()
{
    string name, email;
    cout << "Name:";
    cin >> name;
    cout << "E-Mail:";
    cin >> email;

    Member m(name, email);
    member.push_back(m);

    return member.size();
}

// リスト形式で表示する
void disp()
{
    for (int i = 0; i < (int)member.size(); i++)
        cout << member[i] << endl;
}

void find()
{
    // データがない時はリターンする
    if (member.size() < 1)
```

```cpp
            return;

        string name;
        cout << "Name:";
        cin >> name;
        int pos = -1;
        for (int i=0; i < (int)member.size(); i++)
        {
            if (member[i].getName().compare(name) ==0)
            {
                pos = i;
                break;
            }
        }
        if (pos == -1)
            cout << "Not find!" << endl;
        else
            cout << member[pos] << endl;
    }

    int load()
    {
        ifstream fs;

        // ファイルを開く
        fs.open(FILENAME);

        // ファイルが存在しない場合の処理
        if (!fs.is_open())
        {
            cout << FILENAME << "を開けません。" << endl;
            return 0;
        }

        member.clear();   // コンテナを空にする

        while(!fs.eof())
```

```cpp
    {
        string name, email;
        fs >> name;
        fs >> email;
        if (name.length() > 1 && email.length() > 1)
        {
            Member m(name, email);
            member.push_back(m);
        }
    }

    fs.close();
    return member.size();
}

void save()
{
    // データがない時はリターンする
    if (member.size() < 1)
        return ;

    ofstream fs;
    fs.open(FILENAME);
    if (!fs.is_open())
    {
        cout << FILENAME << "を開けません。" << endl;
        return;
    }

    for (int i=0; i < (int)member.size(); i++)
    {
        fs << member[i].getName() << endl;
        fs << member[i].getEmail() << endl;
    }
    fs.close();
}
```

```
int main()
{
    string command;

    while (1) {
        // コマンドを表示する
        cout << "regist, disp, find, load, save, quit" << endl << "=>";
        cin >> command;
        if (command.compare("regist") == 0)
            regist();
        if (command.compare("disp")==0)
            disp();
        if (command.compare("find")==0)
            find();
        if (command.compare("load")==0)
            load();
        if (command.compare("save")==0)
            save();
        if (command.compare("quit")==0)
            break;
    }

    return 0;
}
```

Appendix

付 録

付録A　gdb のコマンド
付録B　コンパイラ

付録 A　gdb のコマンド

　ここでは gdb の主なコマンドについて解説します。gdb のコマンドすべてを解説するものではありません。なお、バージョンによっては挙動が異なる場合があります。

break — ブレークポイントを設定する

省略形は b。ブレークポイントを設定すると、そこで実行が一時停止します。
次の形式で指定できます。

```
(gdb) b 行番号 [if 条件]
(gdb) b 関数名 [if 条件]
(gdb) b ファイル名:行番号 [if 条件]
(gdb) b ファイル名:関数名 [if 条件]
(gdb) b ±オフセット
```

　条件には C 言語の条件式を指定できます。条件が設定された場合は、その条件と一致した場合に限ってその場所でブレークします（watch コマンド参照）。
　C++ でオーバーロード関数を使っている場合や、同じ名前の static 関数を複数使っているような場合には、同じ名前の関数が複数存在することになります。そのような場合で、特定の関数にブレークポイントを設定したいときには、ファイル名と関数名を指定するか、行番号で指定して、指定したい関数にブレークポイントを設定します。
　オフセットを指定した場合は、現在選択されているスタックフレームのコード行から

オフセットだけ離れた位置にブレークポイントを設定できます。

一度停止したら削除される一時的ブレークポイントを設定したい場合は、tbreak コマンドを使います。

現在設定されているブレークポイントは、info コマンドで調べることができます。

backtrace — プログラムのスタックを表示する

省略形は bt。プログラムのスタックを出力します。

本書本文で示した upper.c プログラムで bt コマンドを使った例を示します。

```
(gdb) b str2upper
Breakpoint 1 at 0x4015b8
(gdb) r
Starting program: D:\CDebug\upper.exe
[New Thread 9748.0x9e8]
[New Thread 9748.0x2fa0]

Breakpoint 1, 0x00000000004015b8 in str2upper ()
(gdb) backtrace
#0  0x00000000004015b8 in str2upper ()
#1  0x0000000000401646 in main ()
```

call — 関数を呼び出す

現在の位置で指定した関数を呼び出します。

次の形式で指定できます。

```
(gdb) call 関数名
```

command — 実行するコマンドを設定する

gdb で実行するコマンドを指定します。コマンドを終了するときには、end を入力します。

次のように使います。

```
(gdb) command

>print "*** Data ***"
>call printdata(x)
>end
```

commands — 実行するコマンドを設定する

ブレークポイントで停止した時に実行するコマンドを指定します。コマンドを終了するときには、end を入力します。

次のように使います。

```
(gdb) commands ブレークポイント番号
```

condition — 条件付きブレークポイントとして設定する

省略形は cond。指定した番号のブレークポイントのブレーク条件を条件に設定します。

次の形式で指定できます。

```
(gdb) condition 番号 条件
```

次の例は、ブレークポイントを 11 行目に設定し、*p が 'o' になった時に停止するように設定した例です。

```
(gdb) break str2upper
breakpoint 1 at 0x400662: file upper.c, line 11.
(gdb) condition 1 *p='o'
```

break コマンドでブレークポイントを設定するときに条件を指定することもできます。

continue — 継続実行する

省略形は c または cont。ブレークポイントを設定した場所などで止まっているプログラムの実行を再開します。step や next コマンドでは 1 ステップ実行されますが、continue では次のブレークポイントまたはプログラムの最後か異常終了するまでプログラムが実行されます。

delete — 設定したブレークポイントを削除する

現在の設定しているブレークポイント（ウォッチポイントなど含む）を全部削除するか、または、指定したブレークポイントを削除します。
次の形式で指定できます。

```
(gdb) delete [ブレークポイント番号]
```

ブレークポイントにはブレークポイントの番号を指定します。番号はスペースで区切って複数を指定することができます。引数を指定しなければ、すべてのブレークポイ

ントが削除されます。

disable ― 引数のコマンドを無効にする

引数のサブコマンドを無効にします。
次の形式で使います。

```
(gdb) disable breakpoints [番号]
(gdb) disable display [式]
(gdb) disable frame-filter
(gdb) disable mem
(gdb) disable pretty-printer
(gdb) disable tracepoints
(gdb) disable type-printer
(gdb) disable xmethod
```

display ― 式の値を表示する

プログラムが停止したときに、自動的に式の値を表示するようにします。
次の形式で使います。

```
(gdb) display 式
```

次の例は、*p という変数の値をステップ実行するたびに表示するようにした例です。

```
(gdb) n
12              if (islower(*p))
(gdb) display *p
1: *p = 72 'H'
```

```
(gdb) n
11              for (p = str; p!= '\0'; p++)
1: *p = 72 'H'
(gdb) n
12              if (islower(*p))
1: *p = 101 'e'
(gdb)
```

enable — 引数のコマンドを有効にする

引数のサブコマンドを有効にします。

次の形式で使います。

```
(gdb) enable breakpoints
(gdb) enable count
(gdb) enable delete
(gdb) enable display
(gdb) enable frame-filter
(gdb) enable mem
(gdb) enable once
(gdb) enable pretty-printer
(gdb) enable tracepoints
(gdb) enable type-printer
(gdb) enable xmethod
```

file — ソースファイルをロードする

現在の表示しているソースファイルとは別のソースファイルをロードします。
次の形式で指定できます。

```
(gdb) file ファイル名
```

finish — 関数の最後までプログラムを実行する

省略形は fin。関数の中でプログラムの実行が停止されているときに、その関数の最後までプログラムを実行します（関数の最後に到達する前にブレークポイントがある場合はそこまで実行します）。

関数をステップ実行していて、その関数にはもう問題がないとわかっているときなどに関数の最後まで即座に実行したい時に便利です。

frame — スタックフレームを表示する

引数なしで実行すると、現在停止しているプログラムのスタックフレームを表示します。
引数でフレーム番号を指定できます。

例

```
(gdb) frame
#0  str2upper (str=0x7fffffffdef0 'Hello#) at upper.c:11
11          for (p = str; p!= '¥0'; p++)
```

help ― ヘルプを表示する

省略形は h。gdb のコマンドの情報を表示します。単に h (help) と入力するとコマンドのクラス名（種類ごとの名前）が表示されます。

次の形式で指定できます。

```
(gdb) help [名前]
```

ここで、名前はクラス名やコマンド名です。

info ― 情報を表示する

さまざまな情報を表示します。

次のコマンドは、現在の関数内のローカル（局所）変数の名前と値をすべて表示します。

```
(gdb) info locals
```

次のコマンドは、現在設定してあるブレークポイントの一覧を表示します。

```
(gdb) info b

(gdb) info break
Num     Type           Disp Enb Address            What
1       breakpoint     keep y   0x0000000000401000 in... at crtexe.c:11
2       breakpoint     keep y   0x0000000000401000 in... at crtexe.c:14
```

このとき、ブレークポイントは Num（番号）で識別します。Type は、ブレークポイ

ント（breakpoint）、ウォッチポイント（watchpoint）、キャッチポイント（catchpoint）のいずれかです。Disp（処理）は、そのままキープ（keep）、停止後削除（del）、停止後無効化（dis）のいずれかです。Enb はそのブレークポイントが有効かどうかを表します。

「Segmentation fault」という問題が発生した後で「info b」を実行すれば、問題が発生した関数と位置がわかります。

次のコマンドは、関数の呼び出しスタックの一覧を表示します。

```
(gdb) info stack
```

次のコマンドは、存在しているスレッドの一覧を表示します。

```
(gdb) info Thread
```

jump — 指定した位置までジャンプする

指定した位置から実行を再開します。

次の形式で指定します。

```
(gdb) jump 行番号
(gdb) jump *アドレス
```

kill — デバッグ中のプログラムを停止する

デバッグ中のプログラムの実行を停止します。

次のようなメッセージが出力されるので、[y] をタイプすると終了します。

```
(gdb) kill
Kill the program being debugged? (y or n) y
```

list — ソースリストを表示する

省略形は l。ソースリストを表示します。

次の形式で指定できます。

```
(gdb) list [ファイル名:][関数]
(gdb) list [行番号1 [,行番号2]]
```

引数を指定しない場合は、現在選択のソースファイルのリストを 10 行分表示します。プログラムがブレークしている場合は、その行を中心として 10 行分を表示します。

next — ステップオーバー

省略形は n。次のステップまで実行します。呼び出している関数は関数全体を実行し、関数の中には入りません。次々にステップオーバーしたい場合は、2 回目以降は [Enter] キーだけを押してもかまいません。

print — 式の値を表示する

省略形は p。式の値を表示します。式とは、変数、式、関数呼び出し、構造体でもかまいません。

次の形式で使います。

```
(gdb) p 式
(gdb) p *ポインタ変数
(gdb) p &アドレス変数
(gdb) print 変数 = 値
```

式がポインタ変数である場合は、p ポインタが指し示すアドレスの内容を表示します。構造体変数などを指定すると、構造体のすべての要素が表示されます。

最後の書式は変数の内容を値に変更します。

次の式はポインタが指す要素をすべて表示します。

```
(gdb) p *ポインタ変数@要素数
(gdb) p (型キャスト)*ポインタ変数
```

print コマンドに / 書式を付加することで、出力書式を指定することができます。

表A.1●書式として指定可能な書式

書式	意味	書式	意味
a	アドレス表示	o	8 進表示
c	文字表示	t	2 進表示
d	符号付き 10 進表示	u	符号なし 10 進表示
f	浮動小数点表示	x	16 進表示

たとえば、変数 var の値を 16 進数で表示したい場合は、次のように指定します。

```
(gdb) p/x var
```

ptype — 型を出力する

引数の型に関する情報を出力します。
次の形式で指定できます。

```
(gdb) ptype 型
(gdb) ptype 変数
```

int や double のような組み込み型だけではなく、ポインタ型やユーザー定義の型（クラスや構造体）の情報も表示できます。変数はプログラムが停止しているときにそのコンテキストに存在している変数を指定します。

構造体の内容や C++ でクラス定義を確認するときに便利です。

quit — gdb の終了

省略形は q。gdb を終了します。プログラム実行中の場合は、確認のためのメッセージが出力されます。

run — プログラムの実行

省略形は r。このコマンドでプログラムが実行されます。
次の形式で指定できます。

```
(gdb) run [引数] [< ファイル名] [(>|>>) ファイル名]
```

引数は、引数リストです。プログラムの実行時に引数をつけて実行したい場合は、r の後に引数リストを付けます。

```
(gdb) r 引数1 引数2 ...
```

ファイル名は、入出力リダイレクションの入出力ファイル名です。
ブレークポイントを設定してある場合、その場所まで実行されます。

set — 変数に値を設定する

変数に値を設定します。
次の形式で指定できます。

```
(gdb) set 変数=値
```

コマンドライン引数に値を設定する場合は、変数 args に設定します。次の例は、BMI プログラムでコマンドライン引数に値を指定して実行する例です。

```
(gdb) set args 162 50.6
(gdb) run
```

stack — 関数の呼び出し状況を表示する

現在停止しているプログラムの関数の呼び出し状況（バックトレース）を表示します。backtrace や where コマンドと同じです。

step — ステップイン

省略形は s。次のステップまで実行します。関数を呼び出している場合はその関数の最初に移動します。呼び出している関数の内部を調べたいときに使います。

tbreak — 一時ブレークポイントを設定する

省略形は tb。一時ブレークポイント（temporary breakpoint）を設定します。

一時ブレークポイントは、1 回そこで停止すると消滅します。何度も実行されるコードで 1 回だけ調べれば良いような状況のときにとても便利です。

設定したブレークポイントは、1 回そこで停止すると消滅するほかは、break コマンドで設定したブレークポイントと同じです。

undisp — 表示しないようにする

引数で指定した情報の表示をキャンセルします。
次の形式で指定します。

```
(gdb) undisp 番号
```

until — 次の大きなステップまでプログラムを実行する

ループなどまとまった処理をするコードにいるときに、そのループなどの処理をすべて実行して次のステップに移動します。

次の形式で指定すると、指定したところまで実行されます。

```
(gdb) until 行番号
(gdb) until 関数名
(gdb) until ファイル名:行番号
(gdb) until ファイル名:関数名
```

up — スタックフレームを上がる

スタックフレーム（呼び出し履歴）の中で、現在の位置からひとつ上に上がります。たとえば、プログラムが停止した時に where コマンドで調べると、現在の位置がライブラリ関数の中であったときに、up コマンドを使うことでプログラマが作った関数までフレームを上に上がることができます。

watch — 式を監視（ウォッチ）する

式の値が変化したとき、あるいは、指定した条件が真のときにプログラムの実行を停止します。

次の形式で指定すると、指定した式の値が変化したときにプログラムの実行を停止します。

```
(gdb) watch 式
```

次の形式で指定すると、指定した条件が真のときにプログラムの実行を停止します。

```
(gdb) watch 条件
```

次の例は、変数 x の値が変更された時にプログラムを停止する例です。

```
(gdb) watch x
```

次の例は、変数 x の値が 100 を超えた時にプログラムを停止する例です。

```
(gdb) watch (x > 100)
```

whatis — 変数の型を調べる

プログラムが停止しているときに、そのときスコープにある変数の型を出力します。次の形式で指定できます。

```
(gdb) whatis 変数名
```

次の例は、h という変数の型を調べる例です。

```
(gdb) whatis h
type = float
```

where — 呼び出し履歴を表示する

プログラムが停止しているときに、そのときのスタックフレームのバックトレースを出力します。

次の形式で指定できます。

```
(gdb) where [カウント]
```

カウントを指定した場合、指定した数のスタックフレームだけ出力されます。カウントに負の数を指定すると、いちばん外側から指定した数だけが出力されます。

次の例は、本文中の upper.c の islower() でブレークした時に where コマンドを実行した例です。

```
(gdb) where
#0  0x00007ffd72181a86 in msvcrt!islower ()
   from C:\WINDOWS\system32\msvcrt.dll
#1  0x00000000004015db in str2upper (str=0x62fe30 "Hello") at upper.c:12
#2  0x0000000000401646 in main (argc=1, argv=0x7515a0) at upper.c:21
```

msvcrt にある islower() が str2upper() の中で呼び出され、str2upper() は main() の中で呼び出されていることがわかります。

x — メモリの内容を表示する

プログラムが停止しているときに、指定したアドレスの内容を出力します。

次の形式で指定できます。

```
(gdb) x/書式 アドレス
```

書式は、繰り返し回数、書式文字とサイズ文字で指定します。書式文字は次の通りです。

表A.2 ● x の書式文字

書式文字	説明
o	8進数
x	16進数
d	10進数
u	符号なし10進数
t	2進数
f	浮動小数点数（float）
a	アドレス
i	インストラクション
c	文字（char）
s	文字列
z	16進数（左側は0で埋める）

サイズ文字は次の通りです。

表A.3 ● x のサイズ文字

サイズ文字	説明
b	バイト（byte）
h	ハーフワード（halfword）
w	ワード（word）
g	ジャイアント（giant、8バイト）

[Enter] — 直前のコマンドを繰り返す。

gdbのプロンプト (gdb) に対して、[Enter] キーだけを押すと、直前のgdbのコマンドを繰り返します。ステップ実行などのときに便利です。

付録B　コンパイラ

ここでは、GNUの開発ツールのうち、gcc、g++と、Microsoftのclの基本的な使い方について説明します。

B.1　gccとg++

gccとg++はGNUプロジェクトのCとC++のコンパイラです。
C言語プログラムをコンパイルする最も基本的なコマンドラインは次のようにします。

```
gcc -o out source.c
```

outは生成される実行可能ファイルの名前です。Windowsでは拡張子.exeが付けられます。指定しない場合は、LinuxなどのUNIX系OSではa.outになり、Windowsではa.exeになります。
source.cはC言語のソースファイルの名前です。
C++のプログラムをコンパイルする最も基本的なコマンドラインは次のようにします。

```
g++ -o out source.cpp
```

out は生成される実行可能ファイルの名前で、C 言語のときと同じです。
source.cpp は C++ プログラムのソースファイルの名前です。

デバッグ

生成するコードにデバッグ情報を付加するときには、オプション -g を付けます。

```
gcc -g -o out source.c

g++ -g -o out source.cpp
```

gdb を使うときにはこのオプションを付けてコンパイルします。gdb で使うことを明示的に指定する場合はオプション -ggdb を指定します。このオプションを指定すると、可能な場合は gdb の拡張を使うことができます。

```
g++ -ggdb -o out source.cpp
```

最適化

オプション -Og を付けることで、デバッグ用に最適化されたコードを生成することができます。

そのほか、-O で始まるオプションを指定することで最適化の方法を指定することができます。また、-f で始まるオプションを指定することで最適化に関して細かく指定することができます。詳しくは man gcc を参照してください。

標準

オプション -ansi を付けることで、ソースファイルを ANSI C または ANSI C++ として知られている標準に適合するものとしてコンパイルします（適合しない部分はエラーまたは警告として報告されます）。-ansi は C 言語の場合は次に示す -std=c90 と同じ、C++ では -std=c++98 と同じです。

オプション -std=standard で、その他の標準を指定できます。

standard に指定できる値は次のとおりです。

表B.1 ● standardの値

standard の値	意味
`"c90"`	ISO C 1990
`"c89"`	ISO C 1989
`"iso9899:1990"`	ISO C 1990
`"iso9899:199409"`	ISO C 1994
`"iso9899:1999"`	ISO C 1999（C9X）
`"c99"`	ISO C 1999（C9X）
`"iso9899:199x"`	ISO C 1999（C9X）
`"c9x"`	ISO C 1999（C9X）
`"iso9899:2011"`	ISO C 2011（C1X）
`"c11"`	ISO C 2011（C1X）
`"c1x"`	ISO C 2011（C1X）
`"gnu90"`	ISO C 1990 の GNU 拡張（C 言語のデフォルト）
`"gnu89"`	ISO C 1990 の GNU 拡張
`"gnu99"`	ISO C 1999 の GNU 拡張
`"gnu9x"`	ISO C 1999 の GNU 拡張
`"gnu11"`	ISO C 2011 の GNU 拡張
`"gnu1x"`	ISO C 2011 の GNU 拡張
`"c++98"`	ISO C++ 1998 修正版
`"gnu++98"`	ISO C++ 1998 の GNU 拡張（C++ のデフォルト）

アセンブラ

オプション -S を付けることによって、C 言語のソースプログラムからアセンブリ言語プログラムのソースを生成することができます。

大きなプログラム全体をアセンブリ言語プログラムのソースに変換して検討することは現実的ではありませんが、問題がある関数ひとつを取り出して C 言語のソースプログラムとし（拡張子が .c のファイルにし）、アセンブリ言語プログラムのソースに変換して検討すると効率的です。

B.2 cl

cl はマイクロソフトの C/C++ コンパイラです。

コマンドラインから cl.exe を使うためには、あらかじめ環境変数を適切に設定する必要があります。環境変数を設定するためのバッチファイル vcvars32.bat を実行します。

```
>"c:\Program Files (x86)\Microsoft Visual Studio 10.0\VC\bin\vcvars32.bat"
```

C/C++ のソースプログラムをコンパイルするには次のようにします。

```
>cl source.c
```

これで、source.exe が生成されます。生成される実行可能ファイルの名前を変更したい場合は、オプション /Fe を指定します。

デバッグ

cl のデバッグに関連するオプションには次の表に示すものがあります。

表B.2●clのデバッグオプション

オプション	解説
/Z7	C 7.0 互換のデバッグ情報を生成します。
/Zi	詳細なデバッグ情報を生成します。
/ZI	エディットコンティニュと互換性のあるプログラムデータベースにデバッグ情報を含めます。(x86 のみ)
/LDd	デバッグバージョンのダイナミックリンクライブラリを作成します。
/MDd	MSVCRTD.lib を使用して、デバッグバージョンのマルチスレッド DLL をコンパイルして作成します。
/MTd	LIBCMTD.lib を使用して、デバッグバージョンのマルチスレッド実行可能ファイルをコンパイルして作成します。
/Yd	すべてのオブジェクトファイルに、詳細なデバッグ情報を取り込みます。

最適化

デバッグのときには最適化を無効にしたほうが良い場合があります。オプション /Od を指定することで最適化を無効にします。

索引

■記号
$ iv
(gdb) iv
; 12
> iv

■B
b（gdb）..................................... 94, 174
backtrace 175
BeginUpdate() 46
BOM 126
break 174
bt（gdb）... 175

■C
C言語 7
c（gdb）..................................... 97, 177
C++ 20
call 175
catch 22
cl 195
command 176
commands 176
cond（gdb）................................... 176
condition 176
cont（gdb）.................................... 177
continue 177
core ファイル 36, 107, 108
cpp 119
CUDA 45

■D
ddd 120
delete 177
DirectX 44
disable 178
display 178

■E
enable 179
EndUpdate() 46

errno 72
extern 17
extern "C" 25, 31

■F
file 180
fin（gdb）...................................... 180
finish 180
frame 180
free() 14

■G
g++ 192
gcc 192
gdb 90

■H
h（gdb）... 181
hd 118
help 181

■I
IDE 2
INCLUDE 29
info 181
Intel Threading Building Blocks 45

■J
jump 182

■K
kill 32, 183

■L
l（gdb）... 183
ldd 116
list 183

■M
malloc() 13

■N
n (gdb) 95, 183
next 183
nm 115

■O
objdump 116
OpenGL 44
OpenMP 44, 60

■P
p (gdb) 95, 184
PATH 28
perror() 72
print 184
private 21
ptype 185
public 21

■Q
q (gdb) 97, 185
quit 185

■R
r (gdb) 93, 186
register 52
run 186

■S
s (gdb) 187
set 186
sizeof() 8
stack 187
step 187
strace 117
strcpy_s() 8

■T
tb (gdb) 187
tbreak 187
throw 22
try 22
TUI モード 109

■U
undisp 187
until 188
up 101, 188

■W
watch 188
whatis 189
where 101, 190

■X
x 190

■あ
アセンブラ 110
アセンブリ言語 63
アセンブリ言語プログラム 110
アセンブリコードの生成 114
一時ブレークポイント 187
インクリメンタルリンク 5
隠ぺい 21
インラインアセンブラ 63
エラーコード 72
エンコーディング 36
オーバーフロー 41
オブジェクト指向 21
オブジェクトファイル 4

■か
改行 11
改行コード 38
仮想メモリ 14
型の出力 185
関数呼び出し 175
逆アセンブルウィンドウ 111, 112
競合 47
強制終了 32
クラス 21
グローバル変数 17
継続実行 177
コアダンプ 107
構造体 21
誤差 39
コマンド設定 176
コマンドの繰り返し 191
コマンド無効 178
コマンド有効 179
コメント 12

コンパイラ	3, 28
コンパイル	3

■さ

最適化	45
式の値の表示	178, 184
式の監視	188
実行可能ファイル	3
実数	39
シフト演算	58
ジャンプ	182
修正	76
終了（gdb）	185
条件付きブレークポイント	176
情報の表示	181
書式	38
処理系	6
スタックの表示	175
スタックフレーム	101, 180, 188
ステップイン	187
ステップオーバー	183
ステップ実行	80
スリープ	74
スワップ	14
ソースファイルのロード	180
ソースプログラム	2
ソースリストの表示	183
ソート	50

■た

タスクマネージャ	32
短絡評価	48
ディレクティブ	75, 76
テスト	77
デバッガ	90
デバッグ	70

■な

名前空間	30
並べ替え	50

■は

バックトレース	187, 190
バッファ	57
ビープ	73
表示の更新	46
表示の取消	187
標準C++ライブラリ	9
ビルド	3
プリコンパイル	6
プリプロセス	6
ブレークポイント	71, 78, 174, 177
プレーンテキスト	3
プログラムの実行	180, 186, 188
プログラムの停止	183
プログラムの分割	47
プロンプト	iv
並列処理	46
ヘッダーファイル	5, 29
ベル	73
ヘルプ	181
変数値の設定	186
変数の型	189
ポインタ	15, 49
ボトルネック	42

■ま

マクロ	55
マルチスレッド	46
丸め誤差	41
無限ループ	37
メッセージボックス	72
メモリアクセス	12
メモリ解放	13
メモリの内容	190
文字化け	36
モジュール	4

■や

呼び出し履歴	190

■ら

ライブラリ	4, 8
リンカ	4
リンク	4, 30
例外	22
例外オブジェクト	22
例外クラス	22
例外処理	22
レジスタ	52
ローダ	5

■ **著者プロフィール**

日向 俊二(ひゅうが・しゅんじ)

フリーのソフトウェアエンジニア・ライター。前世紀の中ごろにこの世に出現し、FORTRAN や C、BASIC でプログラミングを始め、その後、主にプログラミング言語とプログラミング分野での著作、翻訳、監修などを精力的に行う。わかりやすい解説が好評で、現在までに、C 言語、C#、C++、Java、Visual Basic、XML、アセンブラ、コンピュータサイエンス、暗号などに関する著作多数。

C/C++ デバッグ & トラブル対策入門
C 言語と C++ のプログラミングの「困った」はこれで解決!

2016 年 7 月 1 日　　初版第 1 刷発行

著　者	日向 俊二
発行人	石塚 勝敏
発　行	株式会社 カットシステム
	〒 169-0073 東京都新宿区百人町 4-9-7　新宿ユーエストビル 8F
	TEL (03)5348-3850　　FAX (03)5348-3851
	URL　http://www.cutt.co.jp/
	振替　00130-6-17174
印　刷	シナノ書籍印刷 株式会社

本書に関するご意見、ご質問は小社出版部宛まで文書か、sales@cutt.co.jp 宛に e-mail でお送りください。電話によるお問い合わせはご遠慮ください。また、本書の内容を超えるご質問にはお答えできませんので、あらかじめご了承ください。

■ 本書の内容の一部あるいは全部を無断で複写複製(コピー・電子入力)することは、法律で認められた場合を除き、著作者および出版者の権利の侵害になりますので、その場合はあらかじめ小社あてに許諾をお求めください。

Cover design　Y.Yamaguchi　　　© 2016 日向俊二
Printed in Japan　ISBN978-4-87783-322-0